Dagmar Säger
Nie wieder unsichtbar

Dagmar Säger

Nie wieder unsichtbar

Besser mutig Profil zeigen als gar keinen Eindruck hinterlassen

Kösel

FSC
Mix
Produktgruppe aus vorbildlich
bewirtschafteten Wäldern und
anderen kontrollierten Herkünften

Zert.-Nr. SGS-COC-1940
www.fsc.org
© 1996 Forest Stewardship Council

Verlagsgruppe Random House FSC-DEU-0100
Das für dieses Buch verwendete FSC-zertifizierte Papier
Munken White liefert Arctic Paper Munkedals AB, Schweden.

Umschlag: 2005 Werbung, München
Umschlagmotiv: Fotolia
Druck und Bindung: GGP Media GmbH, Pößneck
Printed in Germany
ISBN 978-3-466-30783-8

www.koesel.de

Inhalt

Vorwort

»Es gibt nichts Gutes, außer man tut es.« Wenn es um den beruflichen Erfolg geht, dann muss man diesem Satz von Erich Kästner noch etwas hinzufügen: »... und andere erfahren davon!«

Ich bin immer wieder erstaunt, wenn mir jemand erzählt, wie lange er schon darauf wartet, dass endlich jemand sieht, wie sehr er sich an seinem Arbeitsplatz abrackert. Erwarten Sie auch hellseherische Fähigkeiten von Ihren Kollegen, Chefs oder potenziellen Kunden? Glauben Sie, dass Leistung zählt und sonst nichts? Oder gehören Sie zu denen, die lieber nicht auffallen, weil sie dann möglicherweise irgendwo anecken könnten? Und auf diese Weise wollen Sie Anerkennung von Ihrem Vorgesetzten bekommen und erfolgreich sein? Schluss mit der Bescheidenheit! Zeigen Sie der Welt, wie gut Sie sind. Zugegeben: Das ist leichter gesagt als getan. Vor allem, wenn man bedenkt, dass es für viele als Tabu gilt, sich ins Rampenlicht zu stellen. Dann schon lieber das Licht schön unter dem Scheffel halten. Wer allerdings immer ängstlich darauf schielt, was wohl die anderen sagen, wenn er sich bemerkbar macht, muss wohl weiter ein unerkanntes Genie bleiben. Alle anderen finden in diesem Buch Anregungen dafür, wie sie sich mit Geschick und Gelassenheit in Szene setzen können.

Ob Sie es nun von vorn bis hinten durchlesen oder sich die Kapitel einzeln vornehmen – die Stunde der Wahrheit schlägt, wenn Sie das Buch aus der Hand legen. Sie können sich einfach gut fühlen, weil Sie es gelesen haben und es Ihr Gewissen beruhigt. Oder Sie fühlen sich bestätigt, weil Sie das alles schon mal irgendwo gehört haben. Schade. Denn dann hat sich das Lesen nicht gelohnt. Wenn Sie allerdings aktiv werden und etwas ausprobieren, haben Sie vielleicht die

Chance, vom stillen Wasser zur Erfolgswelle zu werden. Und dabei dürfen Sie auch kleine Schritte machen. Hauptsache, Sie fangen an. Es gibt nichts Gutes, außer man tut es! Ich freue mich über Ihre Erfolgsmeldungen!

1. Bühne frei für mich!
Wie Sie die Marke »Ich« wirksam vermarkten

Glücklich und voller Elan startet Jessika in ihren neuen Job als Produktmanagerin. Sie soll eine bestimmte Linie medizintechnischer Geräte betreuen. Dabei wird ihr ihre langjährige Erfahrung im Produktmanagement sehr nützlich sein. Die Kollegen freuen sich. Erleichtert geben sie die Zusatzaufgaben wieder ab, die sie übernommen hatten, solange keine Nachfolgerin für Burkhard gefunden war, der vor zwei Monaten das Unternehmen verlassen hatte. Jessika fühlt sich gut aufgenommen. Nun kann es losgehen!

Neu im Job

Doch schon bald spürt sie, dass etwas nicht stimmt. Immer häufiger wird sie mit ihrem Vorgänger verglichen. Thomas, der Leiter der Forschungs- und Entwicklungsabteilung, stellt offen ihre Kompetenz in Frage. Es kommt zu ersten Auseinandersetzungen. »Du hast ja keine technische Ausbildung wie Burkhard. Wie willst du dann wissen, wie die Kunden mit dem Gerät arbeiten können?«, wirft ihr Thomas in einem Meeting vor. »Ich kenne die Anwendungen und habe guten Kontakt zum Außendienst«, entgegnet Jessika. Keine Chance. Thomas hat sich eine Meinung gebildet und bleibt dabei. Mehr noch: Er beginnt, Jessika als technische Null darzustellen. Sie habe kein Interesse an Technik, aber sie wolle Einfluss nehmen auf die Gestaltung des Produktes. Das wäre ja noch schöner!

So schnell kann ein schlechter Ruf entstehen. Leider gilt hier nicht das Sprichwort »Ist der Ruf erst ruiniert, lebt es sich ganz ungeniert«. Wenn Jessika nicht schnell wirksame Gegenmaßnahmen ergreift, wird sie sich nicht lange behaupten können. Dabei reicht es nicht, mit Verteidigung oder Rechtfertigung zu reagieren. Aktiv werden und Marketing in eigener Sache zu betreiben ist hier der einzig richtige Weg.

Ist der Ruf erst ruiniert ...

Das Produkt »Ich«

Wer erfolgreich sein will, kommt nicht umhin, sich selbst als Produkt zu sehen und zu verkaufen. Unerlässlich dafür sind die Analyse des Marktes, Kenntnisse über die Bedürfnisse der Zielgruppe, eine wirksame Marketingstrategie und verkäuferisches Handeln.

Selbstständig

Das trifft auch auf Harald zu, der sich gerade als Architekt selbstständig gemacht hat. Er kann gute Zeugnisse und viel Erfahrung vorweisen. Alles, was er kann und was er ist, beschreibt er bei seinen Akquisebesuchen, in einem Prospekt und auf seiner Website: Wo und bei wem er studiert hat, welche Projekte er betreut hat, welche Preise gewonnen, auf wie viele Jahre Berufserfahrung er zurückblickt und welche Leistungen er anbietet. Leider lässt der Erfolg auf sich warten. Harald versteht nicht, warum es ihm nicht gelingt, potenzielle Kunden für sich zu interessieren.

Das Produkt »Ich« verlangt mehr als nur eine nüchterne und ehrliche Beschreibung, um erfolgreich vermarktet zu werden. Das gilt nicht nur für Selbstständige. Auch wer sich für eine verantwortungsvollere Aufgabe in der eigenen Organisation empfehlen möchte, den Vorsitz eines Vereins anstrebt oder sich auf eine Stellenanzeige bewirbt, muss sich gut verkaufen. »Ich bin doch ein Mensch und kein seelenloses Produkt«, könnten Sie jetzt einwenden. Stimmt. Und gerade weil uns das Mensch-Sein manchmal auf die falsche Fährte lockt, kann es hilfreich sein, sich selbst mit etwas Abstand zu betrachten und von erfolgreichen Marketingstrategen zu lernen.

Auf geht's!

Der persönliche Marketingplan

Der erste Schritt ist ein Schritt zur Seite. Stellen Sie sich neben sich und betrachten Sie sich als Produkt, das »an den Mann« gebracht werden soll. Werden Sie Ihr eigener Marketingmanager und gehen Sie strategisch vor:

- Analysieren Sie das Produkt »Ich«.
- Betreiben Sie Marktforschung.
- Bestimmen Sie Ziele und Zielgruppen.
- Verpacken Sie das Produkt zielgruppengerecht (mehr dazu in Kap. 2).
- Entwickeln Sie geeignete Werbemaßnahmen (mehr dazu in Kap. 10).
- Verkaufen Sie!

Das alles erfordert viel Aufwand und Zeit. Aber es lohnt sich! Am Ende des Prozesses werden Sie sehr viel mehr über sich wissen und sich selbstbewusst und zielgruppenorientiert präsentieren.

Wie und was bin ich?

Wann haben Sie sich zum letzten Mal auf den Prüfstand gestellt? Woher stammt Ihr Wissen über sich selbst? Stimmt es mit dem Bild überein, das andere von Ihnen haben?

Bestandsaufnahme

Bevor Sie daran gehen, sich selbst besser zu präsentieren, müssen Sie sicher sein, wer und wie Sie sind.
Stellen Sie sich vor, Sie begegnen auf einer Party jemandem, der sich als witzige Stimmungskanone verkaufen will und dabei nur bemüht wirkt – äußerst unangenehm! Peinlich sind auch Menschen, die besonders intelligent und belesen erschei-

nen möchten und dann in der Diskussion eine falsche Behauptung nach der anderen aufstellen.

Wenn ich über Selbstmarketing spreche, dann meine ich nicht Selbstverleugnung oder Vorspiegelung falscher Tatsachen. Authentizität wirkt immer noch am besten! Doch um diese Wirkung zu erreichen, brauchen Sie ein klares Bild von sich selbst:

- Ihre Stärken,
- Ihre Schwächen,
- Ihre Talente,
- Ihre Persönlichkeit,
- Ihre Erfolge,
- Ihr Sozialverhalten,
- Ihre Einstellungen.

Das klingt fast so wie die Fragen eines Personalleiters beim Einstellungsgespräch. Eigentlich ganz klar, denn der will ja auch nicht die Katze im Sack kaufen. Ganz ehrlich: Bei der einen oder anderen Frage kommt man dann auch ganz schön ins Stottern. Wie oft schon bin ich gefragt worden, welche Schwächen denn offenbart werden dürften. Und ob es nicht prahlerisch klänge, über allzu viele Erfolge oder Talente zu sprechen. Und welches Sozialverhalten als positiv gelte.

Sicher können Sie üben und dann die vermeintlich erwarteten oder gewünschten Antworten geben. Aber halten Sie ein bestimmtes Verhalten auch während der folgenden sechs Monate durch? Schauen Sie lieber genau hin und setzen Sie sich ganz unverfälscht positiv in Szene. Und wenn Sie dann nach Ihren Schwächen gefragt werden, können Sie darüber sprechen, was Sie in Zukunft anders machen möchten. Oder Sie antworten: »Ich esse gern Schokolade.« Geht auch. Das habe ich selbst ausprobiert.

Hilfen zur Selbstanalyse

Sie können eine beträchtliche Anzahl Tests heranziehen, wenn Sie etwas über sich selbst erfahren möchten. In der Literaturliste am Ende dieses Buches finden Sie einige Hinweise auf Bücher, die solche Tests enthalten. Doch auch ohne Test können Sie sich besser kennenlernen, etwa mithilfe der folgenden Anregungen.

1. SWOT-Analyse

Die SWOT-Analyse ist ein typisches Marketinginstrument (SWOT steht für strength, weakness, opportunity, threats), das dabei hilft, Stärken, Schwächen, Chancen und Gefahren eines Produktes auszuloten. Stärken und Schwächen in der Gegenwart sind die Basis für Chancen und Risiken in der Zukunft. Wer die Gefahren kennt, kann rechtzeitig geeignete Maßnahmen ergreifen, um sie entweder zu vermeiden oder besser mit ihnen umzugehen.

Chancen und Gefahren erkennen

Die Analyse beginnt mit den Stärken. Dabei können Sie sich gern von Freunden oder Kollegen beraten lassen. Oft sehen andere unsere Stärken viel klarer als wir selbst. Chancen sind die Vorteile, die Sie oder andere haben, wenn Sie Ihre Stärken einsetzen. Bei der Analyse der Schwächen schauen Sie genau hin, welche Folgen sich daraus ergeben können. Der Architekt Harald hat sich mit seinem Bruder und einem Freund zusammen gesetzt.

Die ersten Schritte dieser Analyse sehen bei dem Architekten Harald so aus:

Gegenwart	Zukunft
Stärken – Maurerausbildung – viel Erfahrung mit Statik	**Chancen** – guter Draht zu den Gewerken – evtl. Spezialisierung auf Dachausbau und Dachgärten
Schwächen – wenig Praxis in großen Projekten – Netzwerk noch unvollständig	**Gefahren** – kein Ersatz, wenn Ausfall bei Krankheit – Eignung für Großprojekte kann infrage gestellt werden

So, und nun brauchen Sie nur noch ein großes Blatt Papier und einen ruhigen Sonntagnachmittag für Ihre SWOT-Analyse.

2. Ressourcen-Check

Diese Methode deckt mehr als nur Stärken und Schwächen ab und bietet viel Stoff zum Nachdenken und für Gespräche mit anderen. Gleichzeitig bekommen Sie einen guten Blick für Veränderungsbedarf.

Ast um Ast zur Selbsterkenntnis

Am besten nehmen Sie ein großes Blatt (mindestens DIN-A3) zur Hand, legen es quer vor sich hin und malen eine sogenannte Mind Map auf.

Jeder der Äste steht für ein Thema, über das Sie Klarheit gewinnen sollen:

- Meine zertifizierten Fähigkeiten (was ich gelernt habe und mit einem Dokument belegen kann, z.B. Lehrgänge, Aus- und Fortbildungen, Sprachzertifikate etc.)

- Meine Fertigkeiten (alles, was ich kann, aber nicht belegen kann, z.B. Sprachkenntnisse, Projektleitung, Kenntnis eines Computerprogramms etc.)
- Meine Eigenschaften (so, wie *ich* mich wahrnehme, z.B. entscheidungsfreudig, gewissenhaft, zurückhaltend, fair etc.)
- Meine persönlichen Erfolge (hier geht es darum, was Sie als ganz persönlichen Erfolg verbuchen können, z.B. den Abschluss eines guten Geschäfts, eine erfolgreiche Verhandlung, eine Idee, die umgesetzt wurde, etc.)
- Mein Image (wie sehen mich die anderen, welches Bild haben sie von mir)
- Meine Förderer (das sind Menschen, die aus eigenem Antrieb etwas für mich und meine berufliche Entwicklung tun)
- Mein Netzwerk (das sind alle Menschen, die ich ansprechen kann, um an bestimmte Informationen oder Unterstützung zu gelangen und die dasselbe mit mir machen)

Nun lassen Sie fleißig kleine Nebenäste sprießen, auf denen Sie alles notieren, was Ihnen zum jeweiligen Hauptast einfällt. Auf diese Weise entsteht nach und nach ein komplexes Schema, das den gegenwärtigen Stand des Produktes »Ich« abbildet.

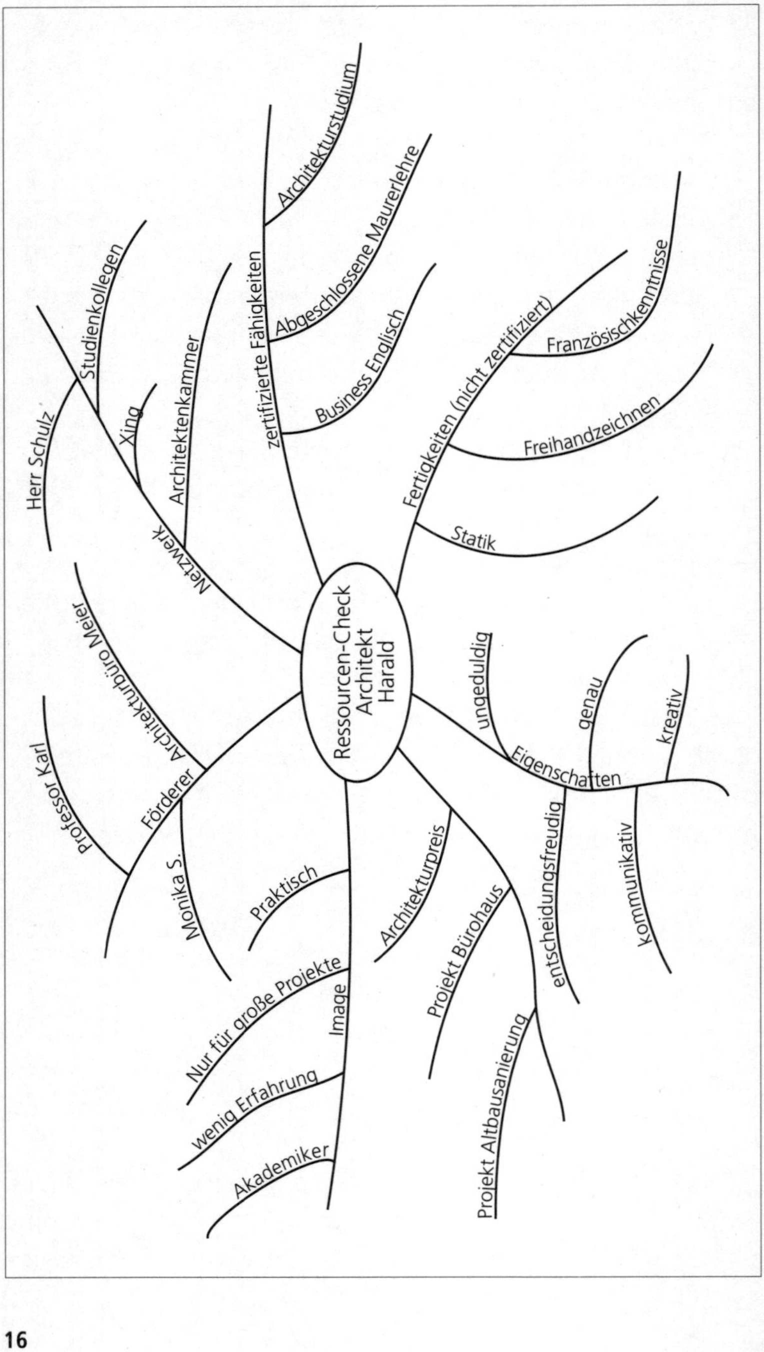

Ressourcen-Check Architekt Harald
Netzwerk
Herr Schulz
Studienkollegen
Xing
Architektenkammer
zertifizierte Fähigkeiten
Architekturstudium
Abgeschlossene Maurerlehre
Business Englisch
Fertigkeiten (nicht zertifiziert)
Französischkenntnisse
Freihandzeichnen
Statik
Eigenschaften
ungeduldig
genau
kreativ
entscheidungsfreudig
kommunikativ
Architekturpreis
Projekt Bürohaus
Projekt Altbausanierung
Image
Praktisch
Nur für große Projekte
wenig Erfahrung
Akademiker
Förderer
Architekturbüro Meier
Professor Karl
Monika S.

3. Persönlichkeits-Bestandsaufnahme

Notieren Sie eine große Anzahl Eigenschaften. Ich fange hier schon einmal für Sie an:

abwägend	aggressiv	ängstlich
spontan	ernst	friedlich
hart	belastbar	ausgeglichen
stolz	tolerant	interessiert
planvoll	entschlussfreudig	nachdenklich
hilfsbereit	beherrscht	sorgsam
lustig	sachlich	schweigsam
streng	tüchtig	vertrauenswürdig
zuverlässig	herzlich	verschlossen
vorsichtig	analytisch	mutig
geradeheraus	pragmatisch	loyal
passiv	lässig	kritisch
kontaktfreudig	bescheiden	handwerklich geschickt
logisch denkend	rational	gesellig
flexibel	durchsetzungsstark	schüchtern
lebhaft	still	gefühlvoll
ehrlich	rücksichtslos	faul
tonangebend	fleißig	reizbar

Nun versehen Sie ein Blatt mit der Überschrift »Stärken« und ein anderes mit der Überschrift »Schwächen« und ordnen Ihre Eigenschaften der jeweiligen Kategorie zu. Sie können auch

Menschen, die Sie gut kennen und denen Sie vertrauen, bitten, dasselbe zu tun. Auf diese Weise bekommen Sie schnell ein Bild, wie Ihre Umgebung Sie sieht.

Selbstbild und Fremdbild schärfen

Auch beim Image-Ast im Ressourcen-Check geht es um das Fremdbild als Ergänzung zum Selbstbild, denn ein realistisches, mit dem Fremdbild abgeglichenes Selbstbild ist eine wichtige Grundlage für gutes Selbstmarketing.

Ganz gleich, ob Sie sich dafür entscheiden, alle drei Analysen durchzuführen oder erst einmal nur eine davon auswählen: Sie wissen danach mehr über sich und Ihre Potenziale. Und auch das ist eine gute Basis für ein erfolgreiches Selbstmarketing.

Erinnern Sie sich noch an Jessika, die frischgebackene Produktmanagerin? Ihr Image verschlechtert sich gerade rapide und sie entschließt sich, einen Ressourcen-Check durchzuführen, um zu erfahren, wie sie sich wieder besser positionieren kann. Dabei stellt sie fest, dass ihr Netzwerk-Ast kaum Nebenäste hat, und Förderer sind ihr gar nicht eingefallen! Die Analyse zeigt Jessika den Weg: Um ihr Image positiv aufzuladen, wird sie ihr Netzwerk ausbauen und Förderer gewinnen. (Mehr dazu lesen Sie in Kapitel 8.)

Das Ziel bestimmen

Sie denken: »Jetzt weiß ich genau, was ich zu bieten habe, und kann loslegen.« Halt! Bloß nicht! Wohin wollen Sie denn?

Ohne Ziel nix los

Marketingstrategen wollen mit ihrem Produkt Marktführer werden, den Gewinn um zehn Prozent steigern oder in einen neuen Markt vordringen. Und Sie? Was ist Ihr persönliches Ziel? »Ich will weiterkommen«, lasse ich hier nicht gelten. Es darf ruhig etwas genauer sein – die Fragen warten auf Antworten:

- Was bedeutet »weiter« für Sie?
- Wann wollen Sie dort ankommen?
- Woran werden Sie merken, dass Sie angekommen sind?
- Welche Zwischenziele haben Sie?

»Ist Weiterkommen kein Ziel?«, fragen Sie. Nein! Denn dieses Ziel vermag nicht langfristig zu motivieren. Das können nur konkrete Ziele, die die folgenden Merkmale aufweisen:

- Sie sind positiv und im Präsens formuliert, beschreiben den Zustand des bereits erreichten Zieles. Also nicht: »Ich höre auf zu rauchen«, sondern: »Im Dezember bin ich Nichtraucherin.« Statt »Ich lerne schwimmen« heißt es: »In drei Wochen schwimme ich 500 Meter im Schwimmerbecken.«
- Sie sind konkret und nicht allgemein formuliert. »Ich will weiterkommen« ist allgemein. Konkreter wäre: »Ich bin in einem Jahr Teamleiterin.«
- Sie sind messbar. Wie wollen Sie »Weiterkommen« messen? Wie wollen Sie überprüfen, ob Sie dieses Ziel erreicht haben? Woran merken Sie, dass Sie es erreicht haben? Formulieren Sie so konkret wie möglich. Auch mit Teilzielen.
- Sie sind realistisch. Wenn Sie sich vornehmen, 500 Meter im Schwimmbad zu schwimmen, dürfen Sie keine Chlorallergie haben. Es sei denn, Ihr Zwischenziel heißt: »Ich habe meine Chlorallergie erfolgreich behandelt.«
- Sie sind terminiert. Das heißt, Sie können genau absehen, wann Sie das Ziel erreicht haben. Nicht irgendwann. Sondern an einem konkreten Datum.

Gar nicht so einfach? Das stimmt! Es kostet schon etwas Anstrengung, sich selbst zu vermarkten. Aber es lohnt sich.

Jessikas Selbstanalyse hat ergeben, dass sie etwas für ihr Image tun muss. Dazu möchte sie Förderer gewinnen und ihr Netzwerk ausbauen. Ihre obersten Ziele schreibt sie auf eine Seite in ihrem Notizbuch: »Am Ende des Jahres bin ich bei allen Kollegen und der Geschäftsführung als kompetente Produktmanagerin bekannt. Thomas und ich arbeiten eng zusammen. Bei der Gestaltung des Produkts sind mindestens siebzig Prozent meiner Anregungen berücksichtigt.« Sie setzt sich Etappenziele: »Im Juli habe ich einen Förderer in der Chefetage«, »Im Mai weiß Thomas, welche Vorteile er hat, wenn er mit mir zusammenarbeitet« und »Zu meinem Netzwerk gehören im August mindestens zwei Vertriebsleiter, die Sekretärin des Marketingleiters und ein Mitarbeiter aus dem Bereich Forschung und Entwicklung«.

Haralds Ziel klingt dagegen vergleichsweise einfach, ist aber angesichts seiner Situation nicht weniger ambitioniert: »Im September leite ich zwei Bauprojekte.« Ein Unterziel lautet: »Im März habe ich eine Website und einen Prospekt, die mich und meine besonderen Fähigkeiten darstellen.« Und ein weiteres: »Die zehn größten Architekturbüros der Stadt kennen mich und wissen, dass ich bei Engpässen Projekte übernehmen kann.«

Haben Sie Ihr Ziel formuliert? Dann sind Sie bereit für den nächsten Schritt.

Marktforschung und Zielgruppen

Ich wusste gar nicht, wie gefragt ich bin!

Ein Werbeslogan für den Stellenmarkt der *Frankfurter Allgemeinen Zeitung* lautet: »Ich wusste gar nicht, wie gefragt ich bin.« Wenn Sie sich erst einmal darüber im Klaren sind, was Sie zu bieten haben, dann machen Sie sich auf die Suche nach dem Markt, der genau das braucht. Sie werden sich wundern, wie gefragt Sie plötzlich sein werden. Ganz egal, ob Sie selbstständig sind, eine Stelle suchen oder sich in Ihrer Organisation besser verkaufen wollen: Machen Sie sich auf die Suche nach Ihrer Zielgruppe! Überlegen Sie:

- Wen wollen Sie für sich gewinnen?
- Wer profitiert am meisten von Ihrem Angebot?

Zielgruppen sind zum Beispiel die eigenen Kollegen, der Leiter einer Abteilung, in der Sie gerne arbeiten würden, eine bestimmte Berufsgruppe, Einkäufer einer bestimmten Branche oder Mitglieder des Vereins, in dem Sie Kassenwart werden möchten.

Jessika hat es versäumt, sich gut in Szene zu setzen. Nun definiert sie ihre Zielgruppe: Thomas aus der Forschungs- und Entwicklungsabteilung, der Geschäftsführer und die Vertriebsleiter stehen ganz oben auf der Liste. In den nächsten Wochen beschäftigt sie sich damit herauszufinden, was diese Kollegen interessiert. Sie hört den Kollegen in Besprechungen aufmerksam zu und fragt eine Freundin, die als Vertriebsleiterin in einem anderen Unternehmen arbeitet, worauf diese besonderen Wert legt, wenn sie mit Produktmanagern zusammenarbeitet. Im Internet findet sie ein Forum für Entwickler und erfährt aus den Beiträgen eine Menge darüber, wie in diesem Bereich gedacht und gearbeitet wird. Ihr wird auch klar, wie ungnädig diese Zielgruppe über Vertriebler und das Marketing urteilt. Wertvolle Informationen für Jessika, die froh ist, sich diese Zeit für ihre ganz spezielle Marktforschung genommen zu haben.

Und nun überlegen Sie selbst:

- Welche Bedürfnisse hat Ihre Zielgruppe?
- Was zeichnet sie aus?
- Wo und bei welchen Gelegenheiten können Sie sie am besten erreichen?

Das Wichtigste zum Schluss:

- Wer sind Ihre Konkurrenten?
- Wie unterscheiden Sie sich von den anderen?

Anders als die anderen!

Werber sprechen in diesem Zusammenhang vom Alleinstellungsmerkmal, englisch kurz USP (Unique selling proposition) genannt. Was bedeutet das für die Marke »Ich«? Nehmen wir doch einmal den Architekten Harald, der sich gerade selbstständig gemacht hat, als Beispiel.

Harald preist sich an mit allem, was er gelernt und geleistet hat. Trotzdem wollen die Bauherren nicht so recht anbeißen. Klar: Die Konkurrenz ist groß und es gibt viele Architekten, die sich mit Harald vergleichen können und dazu noch über mehr Berufserfahrung verfügen. Harald hat seine Hausaufgaben gemacht und dabei einiges über die speziellen Wünsche und Bedürfnisse von Bauherren erfahren. Zum Beispiel liegt ihnen sehr viel daran, dass die Zusammenarbeit der Gewerke gut koordiniert ist und auf dem Bau keine Verzögerungen durch Missverständnisse oder Konflikte entstehen. Bei der Selbstanalyse ist Harald außerdem aufgefallen, dass er zwar immer seine akademischen Abschlüsse und die Preise für futuristische Entwürfe in den Vordergrund stellt, dabei aber seine Ausbildung als Maurer ganz aus dem Auge verloren hat. Doch genau dies unterscheidet ihn von einer Vielzahl seiner Mitbewerber.

Mein Werbeslogan

Die Frage »Warum gerade ich?« bekommt vor diesem Hintergrund eine neue Bedeutung. Wenn Sie gesehen werden wollen, dann müssen Sie sich bemerkbar machen. Und bemerkt werden Sie, wenn Sie sich von der Masse abheben – positiv abheben. Werfen Sie unter diesem Aspekt einen kritischen Blick auf Ihre Selbstanalyse. Was ist das Besondere an Ihnen? Was können Sie Ihrer Zielgruppe bieten, das andere nicht haben? Und wie könnte dann Ihr Werbeslogan lauten? Im Verlauf meiner Selbstmarketing-Seminare sind unzählige solcher Alleinstellungs-Slogans entstanden:

- Die »Übersetzerin für Zahlen« ist eine Buchhalterin, die mit dem Bild der »drögen Buchhalterin« aufräumt. Mit viel Charme und kommunikativem Geschick kann sie Zusammenhänge besonders bildhaft und verständlich erklären und leistet damit ihren Kollegen in den anderen Abteilungen unschätzbare Dienste. Die finden sich nämlich mit ihrer Hilfe in den Statistiken viel besser zurecht und erfahren, was sie den nackten Zahlen für ihre Planungen entnehmen können.
- Der »Fels in der Brandung« ist eine IT-Projektleiterin, die – was auch geschieht – immer die Ruhe bewahrt. So wirkt sie auf alle, die ihr begegnen. Aufgrund dieses Persönlichkeitsmerkmals können sich die Auftraggeber darauf verlassen, dass das Projekt in guten Händen ist.

Und was, wenn Ihnen kein Slogan einfällt? Dann machen Sie doch mal ein Brainstorming mit Ihrer Familie, mit guten Freunden oder mit Ihren Förderern. Immer noch nichts gefunden? Macht nichts. Formulieren Sie einfach, was das Besondere an Ihnen ist und womit Sie sich von einem Großteil Ihrer Konkurrenten unterscheiden:

- Meine Seminare sind beamerfrei.
- Ich bin ein Controller mit Herz.
- Ich besuche meine Mandanten zu Hause.
- Ich sehe die Chance im Problem.

Und jetzt sind Sie an der Reihe:

Vermarktung

Nun kennen Sie Ihr Alleinstellungsmerkmal und können formulieren, was Sie gegenüber anderen auszeichnet. Jetzt kommt die Zielgruppe mit ihren Besonderheiten ins Spiel.

Vom Nutzen des Besonderen

Wenn Sie jemanden von Ihren Qualitäten überzeugen wollen, dann schauen Sie erst einmal hin, was genau den anderen interessiert. »Was habe ich denn davon?«, fragt sich jeder, wenn ihm etwas angeboten wird. Marketing ist die Ausrichtung des Angebots an den Bedürfnissen der Abnehmer. Darauf sollten Sie reagieren, wenn Sie sich gut vermarkten wollen.

Harald überlegt sich, welche Vorteile die zukünftigen Kunden von seinen Erfahrungen aus der Maurerlehre und der praktischen Arbeit auf dem Bau haben. Klar, er spricht auch die Sprache der Handwerker und findet darum immer einen guten Draht zu ihnen. Das führt dazu, dass er »das Ohr an der Basis hat« und oftmals von Schwierigkeiten oder Pannen erfährt, mit denen er dann viel besser kalkulieren kann. Für die Vernetzung der Gewerke untereinander findet er immer den richtigen Ton und wird nicht als der arrogante Architekt empfunden. Die Handwerker arbeiten mit ihm Hand in Hand und lassen ihn nicht hängen. Das bedeutet für seine Auftraggeber größere Planungssicherheit. Und sie können davon ausgehen, dass er mit Kennerblick erkennt, wenn gepfuscht wird.

Wenn Sie sich gut verkaufen wollen, dann zählen Sie nicht einfach alles auf, was Sie zu bieten haben. Zumindest nicht nur. Viel besser kommen Sie an, wenn Sie darüber sprechen, was Ihr Gesprächspartner davon hat, mit Ihnen zusammenzuarbeiten. Oder was Sie dazu beitragen können, dass sein Projekt erfolgreich wird. (Siehe Kap. 3)

Bühnen gibt es viele ...

Okay? Dann suchen Sie aktiv nach Gelegenheiten, um Kontakte herzustellen: Betreten Sie die Bühne.

- Machen Sie sich in Besprechungen bemerkbar.
- Laden Sie die innerbetriebliche Zielgruppe zu Ihrem Geburtstagsfrühstück ein.
- Besuchen Sie Messen.
- Halten Sie einen Vortrag.
- Machen Sie Termine mit potenziellen Kunden.
- Lassen Sie sich in der Kantine sehen und setzen sich zu Ihrer Zielgruppe.
- Schreiben Sie Bewerbungen mit Nutzenangabe und USP.
- Nehmen Sie an Branchentreffen teil.

Souverän auf der Bühne

Auf die Bühne müssen Sie. Daran kommen Sie nicht vorbei, wenn Sie sich für Selbstmarketing entschieden haben. Wer allerdings auf der Bühne stumm bleibt, kann leicht als Statist verkannt werden. Gerade das wollen Sie nicht, sonst hätten Sie sich nicht entschlossen, dieses Buch zu lesen.

Interesse schafft Interesse

Was für ein Typ sind Sie? a) »Small Talk finde ich grässlich. Immer dieses oberflächliche Gerede. Außerdem weiß ich nie, was ich erzählen soll.« oder b) »Ich quatsche einfach jeden an und erzähle, was für ein toller Hecht ich bin.«? Schade, denn beides bringt nicht wirklich den Erfolg, den Sie sich wünschen.

Auf allen Bühnen für beruflichen Erfolg (und übrigens auch auf allen privaten) geht es doch darum, Interesse und Sympathie zu wecken. Und wie geht das? Ganz einfach: Zeigen Sie Interesse am anderen:

- Wie sind Sie hergekommen?
- Was halten Sie von dieser neuen Theorie, dass ...?
- Wie haben Sie denn von dieser Veranstaltung erfahren?
- Haben Sie auch in dem Stau auf der A7 gestanden?
- Das sieht ja lecker aus. Wo haben Sie das denn gefunden?
- Wie hat Ihnen die Präsentation gefallen?

Vorsicht! Jetzt nicht den Fehler machen, von Ihren Erfahrungen oder Ihrer Meinung zu sprechen. Bleiben Sie dran. Fragen Sie weiter. Zeigen Sie Interesse. Das ist der beste Weg, den anderen für sich zu interessieren. Ich habe einmal bei einer Veranstaltung zwanzig Minuten mit einem netten Herrn gesprochen und so gut wie nichts von mir erzählt. Umso mehr erfuhr ich von ihm. Auch, dass er mit einem Geschäftsfreund von mir befreundet ist. Am nächsten Tag rief mich dieser Geschäftsfreund an und berichtete mir, sein Freund wäre ganz begeistert und hätte mich sehr sympathisch und interessant gefunden. Und ich hatte doch gar nicht viel von mir erzählt! Da wir unsere Visitenkarten ausgetauscht hatten, rief ich einige Tage später bei dem netten Herrn an und erzählte ihm, was ich für ihn tun könnte. Er hat mich seitdem schon einigen seiner Managerkollegen als Coach empfohlen.

Interesse wecken durch Interesse: Das funktioniert überall. Es sei denn, Sie fragen nach so privaten Dingen wie der Parteizugehörigkeit oder der Familienplanung. Auch dafür gibt es zwar eine Bühne, doch befindet die sich eher im Familien- und Freundeskreis.

Wenn Sie auf diese Weise Interesse und Sympathie geweckt haben, können Sie im nächsten Schritt herausfinden, was der andere braucht und ob oder wie Sie ihm nutzen können. Der Nebeneffekt Ihrer Fragen ist nämlich, dass Sie eine Menge darüber erfahren können, was der andere denkt, was ihm Sorgen macht, womit er sich gerade beschäftigt. Das sind Steilvorlagen für Sie, denn wenn Ihr Gesprächspartner zu Ihrer Zielgruppe gehört, können Sie ihm ja gleich helfen. Immerhin sind Sie etwas ganz Besonderes mit Ihrem Alleinstellungsmerkmal! Und er ist offen, Ihnen zuzuhören.

Wie Sie erfolgreich überzeugen und sich noch besser in Szene setzen, erfahren Sie in den nächsten Kapiteln.

FAZIT

- Nehmen Sie sich Zeit, um Ihre Stärken, Ihre Talente und Ihr Potenzial zu entdecken.
- Setzen Sie sich konkrete Ziele.
- Betreiben Sie Marktforschung und bringen Sie mehr über Ihre Zielgruppe und Ihre Konkurrenten in Erfahrung.
- Finden Sie heraus, wie Sie für Ihre Zielgruppe von Nutzen sein können.
- Formulieren Sie Ihr Alleinstellungsmerkmal, wenn möglich auch als Werbeslogan.
- Zeigen Sie Interesse und wecken Sie damit Interesse und Sympathie.

2. Kleider machen Leute

Verpackung und Klingeltöne für das Ego

Der Blick in den Spiegel

Jeans oder Cordhose? Dreitagebart oder doch glatt rasiert? Roter Nagellack oder gar keiner? Welche Schuhe? Welche Tasche? Haare zusammenbinden oder nicht? Hemd oder T-Shirt? Hand aufs Herz: Wann haben Sie das letzte Mal ausgiebig darüber nachgedacht, was Sie anziehen? Egal, ob eine private Verabredung, ein Discoabend, ein Theaterbesuch, eine Einladung zur Vernissage oder ein Vorstellungsgespräch der Anlass war – es war Grund genug für Sie, sich zu überlegen, was am geeignetsten für den jeweiligen Anlass ist, wie Sie den besten Eindruck machen, attraktiv oder interessant aussehen. Wer Kinder hat, kennt das auch. So mancher Jugendlicher verbringt viel Zeit vor dem Spiegel, um auch abgerissen, cool und lässig genug auszusehen.
Ganz normal. Oder? Schließlich wollen Sie einen guten Eindruck machen. Und dazu gehört nun mal auch, richtig angezogen zu sein.

Interessant finde ich darum immer wieder die Reaktionen von Seminarteilnehmern, wenn ich das Sprichwort »Kleider machen Leute« erwähne und darauf hinweise, wie wichtig im Beruf Äußerlichkeiten sind. Empörtes Aufstöhnen und gelangweiltes Abwinken sind da an der Tagesordnung. »Ich will mich doch nicht verbiegen« oder »Es geht doch schließlich darum, was ich tue, und nicht darum, wie ich aussehe« – Entgegnungen wie diese höre ich erstaunlicherweise immer wieder. Im Privatleben spielt das Aussehen eine große Rolle – und im Beruf sollen plötzlich lediglich Persönlichkeit und Leistung zählen? Äußerlichkeiten sind doch lächerlich und unwichtig? Schön wär's.

Gottfried Keller beschreibt in seiner Novelle »Kleider machen Leute« einen arbeitslosen Schneider, der wegen seiner eleganten Kleidung und der edlen Kutsche, mit der er vor einem Gasthof vorfährt, für einen Grafen gehalten und entsprechend behandelt wird. Obwohl er nie selbst behauptet hat, ein Graf zu sein, deuten die Leute seine Kleidung und die Kutsche als Hinweise auf seinen vornehmen Stand. Den äußeren Zeichen werden Bedeutungen zugeschrieben, und das nicht nur in dieser Geschichte.

Haben Sie den Film »Pretty Woman« gesehen? Da wird Julia Roberts in einer Edelboutique mehr als herablassend darauf hingewiesen, dass sie sich das begehrte Kleid mit Sicherheit nicht leisten könne. Dass sie die goldene Kreditkarte eines Millionärs bei sich hat, können die Verkäuferinnen nicht ahnen. Sie sehen nur eine junge Frau, die – kaugummikauend, bauchfrei in Minirock und langen Stiefeln – eher nuttig als vermögend wirkt. In einer späteren Szene betritt dieselbe junge Frau, inzwischen elegant gekleidet, das Geschäft. Sie wird nicht erkannt und mit ausgesuchter Zuvorkommenheit begrüßt. Was sie nicht daran hindert, den hochnäsigen Damen deutlich zu zeigen, wie blöd ihr Verhalten war.

Pretty Woman

Ähnliches ist mir auch im richtigen Leben passiert: Am Wochenende war ich mit einem Freund unterwegs, der Unterstützung beim Anzugkauf brauchte. Er, der im Beruf immer korrekt gekleidet sein muss, war froh, am Wochenende seine geliebte alte Lederjacke und die bequemen Turnschuhe anziehen zu können. Was er aus der wenig zuvorkommenden Bedienung beim Herrenausstatter gelernt hat? Immer, wenn er Wert auf guten Service in den sogenannten besseren Geschäften legt, geht er nach der Arbeit einkaufen. Sein Businessanzug signalisiert den Verkäufern: Man sollte sich um ihn kümmern. Hier verfügt je-

Kleidung ist nonverbale Kommunikation

mand über genug Geld und Stil, um einen teuren Anzug zu kaufen.

Sie können das nicht glauben und finden es unmöglich? Das ist es auch, und gleichzeitig ist es ganz normal. Jedem von uns kann so etwas passieren. In Seminaren, in denen sich die Teilnehmer noch nicht kennen, bitte ich sie, sich paarweise gegenüber zu stellen und zu raten, was der andere beruflich macht, welches Auto er fährt, was seine Hobbys sind. Regelmäßig stellen wir fest, dass die Kleidung den Ausschlag für die Phantasien gibt, die jeder entwickelt. Die Frau mit Bluse und Jackett ist doch bestimmt Chefsekretärin – und entpuppt sich dann als Tischlerin, die sich für das Seminar einmal in Schale geworfen hat. Der Typ in Pulli und Cordhose ist nicht, wie angenommen, Lehrer, sondern Abteilungsleiter in einer Bank. Und der sportliche junge Mann mit der coolen Sonnenbrille fährt nicht wie vermutet Cabrio, sondern Fahrrad. So leicht kann man sich täuschen!

Sichtdaten und Vorurteile

Ob wir es wollen oder nicht: Mit unserem Äußeren, der Kleidung und den Accessoires, senden wir Signale aus. Kleidung ist nonverbale Kommunikation. Sie sagt: »Schaut her. Ich gehöre zu euch«, »Ich bin etwas Besonderes« oder »Ich habe mich extra für Sie schön gemacht«. Einer meiner ersten Chefs sagte einmal zu mir: »Mit der Art, wie du dich kleidest, zeigst du die Wertschätzung dem Unternehmen gegenüber, in dem du arbeitest.« So hatte ich das vorher noch gar nicht betrachtet!

»Begrüßt wird man nach Kleidung, verabschiedet nach Klugheit.« (Jüd. Sprichwort)

Nicht selten entscheidet die Garderobe darüber, ob dem jungen neuen Kollegen etwas zugetraut, dem Chef Autorität zugestanden oder ein Geschäftspartner als seriös eingeschätzt wird. Und wer sich auf eine Stelle bewirbt, hat den anderen etwas voraus, wenn er auf sein Äußeres Wert legt und sich Gedanken darüber macht, mit welcher Garderobe er am besten zu der angebotenen Stelle passt. Kleidung ist nicht alles. Aber sie kann oft das Zünglein an der Waage sein.

Dresscodes

Manche Menschen haben es leicht: In ihrem Beruf ist die Arbeitskleidung vorgeschrieben und sie müssen sich keine Gedanken darüber machen, was sie anziehen. Der Kfz-Mechaniker und der Chirurg zum Beispiel oder die Angestellten, die bei einem meiner Kunden arbeiten: Für die meisten ist ein grauer Kittel vorgeschrieben, die Maschinenführer dagegen tragen blaue. So kann man die Hierarchie auch gleich äußerlich erkennen. Polizei, Feuerwehr, Soldaten, Piloten und Flugbegleiterinnen sind klar als solche zu erkennen. Wie sehr wir uns auf dieses Merkmal verlassen, zeigt die Geschichte vom Hauptmann von Köpenick, der nur eine Uniform anziehen musste und schon gehorchten ihm alle.

Und was machen all die anderen? Es gibt eine Vielzahl von Spielregeln und Konventionen, von denen jeder irgendwie einmal gehört oder gelesen hat. Es gibt allgemeingültige Regeln und solche, die nur in bestimmten Berufsfeldern gelten. Eines aber ist ganz klar: Im Schlabberlook hat noch niemand Karriere gemacht, es sei denn er ist Musiker, Kameramann oder Art-Director in einer Werbeagentur.

Grundsätzlich gilt, dass ein sauberes und gepflegtes Erscheinungsbild für einen positiven Eindruck sorgt. Und Sie können im Beruf noch etwas mehr dafür tun, um visuell mitzuteilen, dass Sie vertrauenswürdig und einen zweiten Blick wert sind. Hier einige Tipps:

- Im Büro eher gedeckte Farben tragen.
- Motivkrawatte oder Krawattennadeln sind out.
- Strümpfe sind für Männer Pflicht, auch im Sommer.
- Für Frauen gilt: Wenn Sie nichts falsch machen wollen, tragen Sie auch im Sommer (dünne) Nylons über den rasierten Beinen. Wenn Ihnen das zu heiß ist, entscheiden Sie sich für eine leichte Hose.
- Nur Bademeister tragen kurze Hosen.
- Spaghetti-Tops und bauchfrei sind tabu.
- Exrem kurze Röcke oder tiefe Ausschnitte lenken von Ihrer Kompetenz ab.
- In Branchen, die sehr großen Wert auf korrekte Kleidung legen, tragen Männer keine Slipper.
- Dort sind auch kurzärmlige Hemden nicht angebracht.
- Schmuck, Parfüm und Make-up sollten dezent sein.
- Männerhandtaschen sind unmöglich. Nehmen Sie stattdessen lieber eine schmale Aktentasche.

Und wenn ich noch eine ganz persönliche Bemerkung anbringen darf: Liebe Leser, bitte sorgen Sie dafür, dass beim Sitzen Ihre stacheligen Beine nicht sichtbar werden. Dafür gibt es längere Socken!

Grundsätzlich ist es sinnvoll, sich mit den Gepflogenheiten der Branche oder des Arbeitgebers vertraut zu machen. Manchmal hilft es, sich daran zu orientieren, wie der Vorgesetzte oder die Chefin gekleidet ist. Selbstverständlich können Sie das vor einem Vorstellungsgespräch noch nicht wissen. Daher gilt: Dezent und korrekt. Ich kenne eine Bewerberin, die sich vor dem Vorstellungsgespräch zur Feierabendzeit vor das Firmengebäude gestellt hat, um einen Eindruck vom Dresscode zu bekommen.

Fragen Sie sich immer:

- Was sieht der andere?
- Wie will ich gesehen werden?
- Was passt zu meiner Position?

Vergessen Sie nicht: Ihre Art sich zu kleiden, zeigt die Wertschätzung, die Sie Ihrem Gegenüber entgegenbringen.

Weiterkommen

Wer die Absicht hat, sich in der eigenen Firma weiterzuentwickeln und sich für eine andere Position zu bewerben, kann noch etwas mehr tun als eine gute Bewerbung schreiben.

> Nils ist nach seiner Ausbildung und einem begleitenden Studium von der Ausbildungsfirma übernommen worden und arbeitet seit einem Jahr als Sachbearbeiter in der Abteilung Auftragsbearbeitung. Er interessiert sich sehr für das Marketing und möchte bei Gelegenheit dorthin wechseln. Als ehemaliger Azubi hat er es allerdings schwer, als kompetenter Kollege anerkannt zu werden. Seine Umgebung betrachtet ihn immer noch vorwiegend als den jungen Mann, der mit seinem sonnigen Gemüt zwar alle erfreute, aber eben noch nicht so richtig für voll zu nehmen ist. Ein Gespräch mit dem Marketingleiter fällt dementsprechend frustrierend aus. Er äußert sich zwar nicht gänzlich ablehnend, spricht aber davon, dass Nils noch etwas Zeit brauche und doch im Kundenservice ganz gut aufgehoben sei.

Diese Problematik ist vielen sicher schmerzlich bewusst. Ich kenne nicht wenige ehemalige Azubis, die erst die Firma wechseln mussten, um Verantwortung übertragen zu bekommen oder eine Gehaltssteigerung zu erreichen. Es ist schwer, die Rolle des Lernenden abzustreifen und als vollwertiger Kollege akzeptiert zu werden. Was aber können Sie tun, wenn ein Firmenwechsel für Sie nicht infrage kommt?

Nils hat mit Susanne eine Chefin, die ihm viel zutraut und von seinen Veränderungsplänen weiß. Sie gibt ihm den entscheidenden Tipp: »Du musst den Leuten da oben (die Marketingabteilung befindet sich im zweiten Stock) zeigen, dass du einer von ihnen bist. Sie müssen sich an dich gewöhnen. Statt E-Mails zu schreiben oder kurz anzurufen, geh einfach mal hoch und sprich direkt mit den Kollegen. Und zieh dich anders an. So, als wärst du schon in der Abteilung.«

Das ist ein guter Tipp. Wenn Kleidung die Zugehörigkeit zu einer Gruppe kennzeichnet, dann gilt das natürlich nicht nur für den Fußballclub mit seinen Vereinsfarben, sondern auch für Berufsgruppen.

Vereinsfarben tragen und dazugehören

Nils nimmt sich Susannes Hinweis zu Herzen. Am nächsten Tag trägt er ein Hemd statt des für ihn üblichen Sweatshirts. Und ein Jackett hat er auch mitgebracht. Er hängt es an die Garderobe und zieht es von nun an jedes Mal an, wenn er in den zweiten Stock geht. Nach einigem Überlegen trägt er es auch beim Gang in die Kantine oder in Besprechungen, an denen Marketingmitarbeiter teilnehmen. Einige Monate später wird Susanne vom Marketingleiter angesprochen: »Sag' mal Susanne, wie macht sich eigentlich der Nils in deiner Abteilung? Der macht einen guten Eindruck auf mich. Wir sollten ihn im Auge behalten. Nicht, dass er uns verlässt, wenn er nicht weiterkommt.« Susanne bekräftigt, dass sie sehr zufrieden mit Nils ist und ihn durchaus als Kandidaten für eine Aufgabe im Marketing sieht. Insgeheim lächelt sie und freut sich darüber, dass ihre Taktik aufgegangen ist.

Kleider machen Leute. Und wenn Sie eine andere Position anstreben oder die Abteilung wechseln wollen, dann ziehen Sie sich so an, als hätten Sie den Job schon. Das ersetzt natürlich nicht die erforderliche gute Leistung. Doch es hilft ungemein, sich auch optisch zu empfehlen.

Aber was ist, wenn die eigenen Kollegen kein Verständnis zeigen? Immerhin signalisiert Nils mit seinem veränderten Auftreten auch, dass er sich von ihnen entfernt. Da hilft nur eins: Fragen Sie sich, was Sie erreichen wollen und was es Ihnen wert ist. Sprechen Sie mit den Kollegen über Ihre Pläne. Und machen Sie deutlich, dass Sie immer noch dazugehören. So lange, bis Sie den angestrebten neuen Job haben, werden Sie vollen Einsatz bringen und sich weiter kollegial verhalten. Achten Sie darauf, dass Sie nicht hochmütig oder arrogant werden. Für das interne Netzwerk sind gute Beziehungen zu ehemaligen Kollegen sehr wichtig. Nicht umsonst hängt Nils das Jackett in seiner Abteilung immer an den Haken. Hier braucht er es nicht, um dazuzugehören. Im Gegenteil.

Imagepflege

Kleidung kann also dazu dienen, das eigene Image aufzupolieren. Ob Sachbearbeiter, Sekretärin oder Buchhalter: Niemand kommt daran vorbei, sich visuell passend in Szene zu setzen, wenn er oder sie positiv auffallen möchte. So kommt es immer wieder vor, dass Seminarteilnehmer sich bei mir erkundigen, was sie tun können, damit sie die Achtung und Wertschätzung erfahren, die sie brauchen und aufgrund ihrer Verantwortung und Leistung auch verdienen.

Jagdrevier Büro

Karoline ist zuständig für die europäische Disposition eines großen Autozulieferers. In dieser Funktion hat sie zwar keine Weisungsbefugnis, muss aber dafür sorgen, dass ihr die Geschäftsführer der internationalen Tochtergesellschaften Daten liefern und ihre Empfehlungen beachten. Gleichzeitig braucht sie auch die Wertschätzung ihres

Chefs, des Gesamtgeschäftsführers. Karoline ist Single und möchte das nur allzu gern ändern. Sie tanzt für ihr Leben gern und ist mit ihren Freundinnen oft in den angesagtesten Clubs unterwegs. Einkaufen ist eine Leidenschaft von ihr, und so ist sie immer nach der neusten Mode gekleidet. Leider hat sie dabei eine Vorliebe für einen mädchenhaften und verführerischen Stil entwickelt. Zu einem Meeting mit zwei Geschäftsführern erscheint sie in einem modischen Kleidchen mit Rüschen. Dazu trägt sie wild gemusterte Strümpfe und Riemchenschuhe. Modisch völlig in Ordnung, sie sieht aus, als wäre sie einem Modemagazin entstiegen.

Während der Besprechung und auch beim anschließenden Abendessen wundert sich Karoline darüber, dass die beiden Kollegen deutlich mit ihr flirten. Sie fühlt sich einerseits geschmeichelt, andererseits hat sie das Gefühl, dass ihre Kompetenz nicht so hoch geachtet wird, wie sie es gern hätte.

Angesichts der Tatsache, dass am Arbeitsplatz der Grundstein vieler Ehen gelegt wird, kann es schon mal recht verlockend sein, in diesem Revier aktiv zu werden. Doch Vorsicht! Gerade für Frauen kann das auch riskant sein. Ich rede hier nicht von sexuellen Übergriffen, vielmehr geht es mir darum, das eigene Image nicht zu gefährden. Im beruflichen Umfeld sollten immer die Arbeit und die Kompetenz im Vordergrund stehen. Zumindest dann, wenn Sie Erfolg haben wollen. Das gilt übrigens auch für Männer: Wer lässig Brusthaar und Goldkettchen durch das aufgeknöpfte Hemd blitzen lässt, erzeugt nicht unbedingt den Eindruck, ein ernst zu nehmender Aktivposten für seine Firma zu sein.

Wem es schwer fällt, im Kontakt mit Kollegen die Sache in den Vordergrund zu stellen, der kann nur eins tun: das Jagdrevier Büro zum Tabu erklären. Wenn dann wider Erwarten doch die Liebe zuschlägt: Wunderbar. Aber bitte keine ständigen Flirts mit allen potenziell interessanten Kolleginnen oder Kollegen! Und keine entsprechenden Such-Signale senden. Das gilt auch für das zum Image der Erfolgreichen passende Outfit, sozusagen dem Blaumann fürs Büro. Und der ist eines auf gar keinen Fall: Aufreizend!

Karoline hat sich das zu Herzen genommen. Sie geht erst einmal einkaufen. Privat kann sie sich ja so verführerisch kleiden, wie sie will: Für den Job gelten andere Regeln. Schlicht, modisch und weiblich, so will Karoline sich zukünftig präsentieren. Als Erstes ersteht sie einfarbige Strümpfe und ein Kostüm, dessen Rock kurz über dem Knie endet. Sie achtet darauf, dass ihre neue Arbeitskleidung nicht langweilig und grau in grau ist. Schließlich will sie ihre Weiblichkeit nicht verstecken, sondern sie nur nicht auf dem Silbertablett servieren. Und siehe da: Sie bekommt immer noch das eine oder andere Kompliment, wird aber deutlich mehr als gleichwertige Geschäftspartnerin anerkannt als zuvor.

Der Jagdrock bleibt zu Hause

Imagepflege durch Kleidung darf nicht dazu führen, dass Sie sich ver-kleidet fühlen. Suchen Sie sich Kleidungsstücke aus, die zu Ihrem Typ passen und in denen Sie sich trotz aller Korrektheit wohl fühlen. Auch ein Blaumann kann die eigene Persönlichkeit unterstützen – wenn er den richtigen Schnitt hat. Und, liebe Leserinnen, wenn Sie auf hochhackigen Schuhen nicht laufen können, weil Sie bisher nur Turnschuhe getragen haben: Lassen Sie es! Es gibt elegante, schöne flache Schuhe. Und wenn Sie doch nicht darauf verzichten können, dann laufen Sie erst privat zur Probe, bis Sie den lässigen Gang auf sieben Zentimetern Absatz beherrschen. Kaum etwas sieht lächerlicher aus als eine Frau, die mit Pumps Riesenschritte macht und bei jedem dritten Schritt ins Straucheln gerät.

Accessoires

Nicht nur Kleidung, sondern auch die Kleinigkeiten drumherum sind für die Imagepflege von Bedeutung. Sie sind sozusagen die Schleife zur Verpackung. Obendrauf und für alle sichtbar.

Visitenkarten gehören nicht ins Jackett oder in die Hemdtasche. Auch in der Geldbörse sind sie nicht gut aufgehoben. Schaffen Sie sich ein kleines Etui an, in dem die Karten nicht verknicken können und sauber bleiben. Eine Visitenkarte mit Eselsohren macht keinen guten Eindruck.

Wenn Sie in eine Besprechung gehen, Kunden besuchen oder zu Ihrer Chefin gerufen werden, brauchen Sie Schreibmaterial. Sie tun sich und Ihrem Image keinen Gefallen, wenn Sie mit einem beliebigen Werbekugelschreiber und einem abgenutzten Schreibblock auftreten. Schaffen Sie sich einen guten Stift an, dem man ansieht, dass Sie ihn mit Bedacht ausgesucht haben. Und den Block stecken Sie am besten in eine Schreibmappe. So zeigen Sie Geschmack und werten sich selbst auf.

Wer öfter unterwegs ist, sollte sich eine Aktentasche und eine Laptoptasche zulegen, die zur Businesskleidung passen. Weder legere Umhängetaschen aus Stoff, womöglich noch mit bunten Motiven oder Schriftzügen, noch der alte Schulranzen haben im Beruf etwas zu suchen. Jedenfalls nicht, wenn Sie Wert auf eine gute Außendarstellung legen.

Das Auto im Beruf

Fahren Sie manchmal mit Ihrem Auto zu Geschäftspartnern oder haben Sie einen Firmenwagen? Dann sorgen Sie dafür, dass das Fahrzeug sauber ist und auch der Innenraum aufgeräumt und vorzeigbar ist.

Was tun, wenn Sie nur eine ganz alte Rostlaube haben oder die unübersehbaren Spuren Ihrer kleinen Kinder auf dem Rücksitz nicht zu beseitigen sind? Parken Sie um die Ecke und hoffen Sie, dass Sie niemanden mitnehmen müssen. Ich kenne einen Kollegen, der sich zu Beginn seiner Selbstständigkeit kein Auto leisten konnte. Statt mit dem Roller zum Kunden zu fahren, nahm er bei wichtigen Terminen immer ein Taxi.

Das kommt Ihnen übertrieben vor? Mir auch – bis ich selbst erlebt habe, was ein Auto ausmachen kann.

Erfolg macht erfolgreich

Als ich mich selbstständig machte, entschied ich mich aus Kostengründen dafür, einen japanischen Kleinwagen zu leasen. Ein Freund, der im Vertrieb arbeitet, warnte mich und meinte, ich sollte erstens lieber ein deutsches Auto fahren und zweitens ein repräsentativeres. Ich winkte ab. Leistung zählt und nicht, mit welchem Auto ich ankomme. In den folgenden Monaten stellte ich fest, dass meine Kunden sehr wohl registrierten, mit welchem Fahrzeug die Trainerin auf dem Parkplatz des Hotels oder vor der Firma ankam. Eine Bemerkung habe ich noch im Ohr: »Ach, Sie sind das mit dem Einkaufswagen!« Au weia! Ich war gekränkt und wütend. Und machte mir doch Gedanken: Könnte es sein, dass ich auch darum weniger Eindruck machte als der Mitbewerber, der mit seinem großen schwedischen Kombi auf den Hof gefahren kam? Schließlich hatte ich einmal gelernt, dass Erfolg erfolgreich macht. Meine Überlegungen sollten sich bald bestätigen. Als der Leasingvertrag ablief, hatte ich gerade ein gutes Polster auf dem Konto und kaufte mir ein schnittiges italienisches Auto. Das fiel tatsächlich immer auf. Und es brachte mir anerkennende Kommentare ein. Schließlich begleiten mich nicht wenige Kunden nach meinem Besuch vor die Tür und ich lernte, dass einige sehr wohl auch darauf schauen, welches Auto der Dienstleister fährt. Ich hatte jedenfalls den Eindruck, in den Augen der Kunden an Wert zu gewinnen. Na gut – wenn der fahrbare Untersatz eine Rolle spielt, dann spiele ich gern mit.

Der Arbeitsplatz

Wenn Sie nicht gerade als Freiberufler zu Hause arbeiten, ist Ihr Arbeitsplatz keine Privatsache.

Carola ist Sachbearbeiterin und achtet sehr darauf, modisch und korrekt gekleidet zu sein. Ihr erklärtes Ziel ist es, Assistentin des Chefs zu werden. Sie verfügt über ein großes Organisationstalent, ist zuverlässig und beherrscht die erforderlichen PC-Programme. Als die Stelleninhaberin schwanger wird, bewirbt sie sich um die Vertretung. Doch der Chef ist nicht überzeugt, dass sie die Richtige dafür ist. Er befürchtet, sie sei überlastet mit den anfallenden Aufgaben. Carola wundert sich. Hat sie nicht immer gezeigt, wie gut sie auch in Stresssituationen arbeitet?

Schauen wir uns einmal an Carolas Arbeitsplatz um. Ihrem Schreibtisch sieht man immer an, dass viel zu tun ist.

Zeig mir deinen Schreibtisch ...

Papierstapel, eine bekritzelte Schreibunterlage, der Bildschirm ist mit gelben Klebezetteln umkränzt. Dazwischen steht ein vergessener Kaffeebecher, eine Tüte Gummibärchen lädt zum Naschen ein. Eine verblasste Girlande an der Pinnwand erinnert an ihren Geburtstag, der bereits einige Wochen zurückliegt. Und der Ficus vor dem Fenster sieht erbärmlich aus. Umgeben ist er von verschiedenen Kleinigkeiten, die sich mit der Zeit angesammelt haben: Der Inhalt diverser Überraschungseier, ein kleines Häufchen Visitenkarten, eine besonders schöne Weihnachtskarte aus dem Vorjahr, ein paar Muscheln, die eine Kollegin aus dem Urlaub mitgebracht hat.

Sieht so der Arbeitsplatz im Vorzimmer einer Führungskraft aus? Kein Wunder, dass der Eindruck entsteht, Carola sei etwas chaotisch. Um repräsentativ zu wirken, braucht es im Büro mehr als ein angemessenes Outfit: Auch der Arbeitsplatz schafft Image.

Carola beschwert sich bei einer Kollegin: »Das ist so ungerecht! Ich beweise doch schon lange, dass ich das kann. Wahrscheinlich hat er jemand anderen im Auge. Was soll ich denn noch tun, um zu beweisen, dass ich für den Job geeignet bin?« Die Kollegin gibt ihr den entscheidenden Tipp: »Wenn ich mir deinen Schreibtisch ansehe, wird mir auch ganz schwindelig. Man mag dich ja schon gar nicht mehr fragen, ob du Zeit hast, eine kleine Frage zu beantworten. Guck' mal in die Büros der Assistentinnen und überlege, was du tun kannst, um deinen Arbeitsplatz etwas aufzupeppen.«

Die Kollegin hat Recht. Als Repräsentantin des Chefs kann sich Carola keine Unordnung leisten. Genau wie ihr Äußeres muss auch ihr Arbeitsplatz Kompetenz ausstrahlen.

Passendes Ambiente

Als Erstes muss der Fikus dran glauben. Carola entsorgt ihn und bringt von zu Hause eine schön gewachsene Grünpflanze in einem hübschen Übertopf mit. Der Kleinkram verschwindet bis auf die Muscheln im Papierkorb. Ebenso ergeht es der Girlande. Die Pinnwand entrümpelt Carola gleich mit. Viele Zettel daran sind längst überflüssig geworden. Für die Visitenkarten besorgt sie sich in der Büromaterialvergabe eine Mappe und die Papierstapel finden erst einmal hinter den Türen des Sideboards eine Bleibe. Zuletzt gibt es noch eine neue Schreibtischunterlage und einen Zettelkasten. Die Gummibärchen können sicher auch im Dunkeln der Schublade darauf warten, gegessen zu werden. Wenn es Carola gelingt, ihren Arbeitsplatz klar, übersichtlich und vorzeigbar zu halten, wird sie über kurz oder lang auch von ihrem Chef anders wahrgenommen.

Versuchen Sie gar nicht erst, mit einem vollen Schreibtisch Eindruck zu machen. Auch wenn es schwer fällt: Aufgeräumt wirkt er professioneller und Sie selbst machen den Eindruck, alles im Griff zu haben. Im Übrigen fällt es viel leichter, sich auf eine Sache oder einen Vorgang zu konzentrieren, wenn nicht noch tausend andere daneben liegen und nach Aufmerksamkeit rufen.

Wer noch etwas mehr tun möchte: Ein besonders schönes Plakat oder ein vergrößertes, hochwertiges Foto in einem passenden Rahmen zeugen von Geschmack und schaffen Aufmerksamkeit. Und wenn die Schreibtischlampe allzu hässlich ist, bringen Sie doch einfach eine eigene mit. Wer so dafür sorgt, dass das eigene Arbeitsumfeld geschmackvoll und bewusst gepflegt aussieht, erzeugt ein ansprechendes Image. Und es hat noch nie geschadet, sich positiv von anderen abzuheben.

FAZIT

- Betreiben Sie äußerliche Imagepflege und unterstützen Sie damit Ihre Qualitäten.
- Wenn Gutes wertvoll verpackt ist, dann wird es noch besser wahrgenommen.
- Mit Ihrem äußeren Erscheinungsbild zeigen Sie Wertschätzung für Ihre Aufgabe und Ihre Gesprächspartner.
- Ein professionell gestalteter Arbeitsplatz und gepflegtes Arbeitsmaterial gehören zum Gesamterscheinungsbild.

3. Erfolgreich überzeugen

Von der Kunst, (fast) alles an den Mann zu bringen

Mal ehrlich: Wie oft haben Sie schon Menschen mit gewinnender Überzeugungskraft bewundert? Und wie oft fragen Sie sich, wie es andere schaffen, immer wieder zu bekommen, was sie wollen? Im Berufsalltag wollen und müssen Sie überzeugen. Jedenfalls dann, wenn Sie nicht zufrieden damit sind, einfach so vor sich hinzuarbeiten – ohne aufzufallen, ohne weiterzukommen, ohne etwas zu verändern und ohne Bedürfnis nach Anerkennung. Ich gehe davon aus, dass gerade Sie daran interessiert sind, andere von sich zu überzeugen. Schließlich lesen Sie ein Buch zu diesem Thema! Und in diesem Kapitel geht es darum, wie Sie Ihr Gegenüber im Gespräch von etwas überzeugen können.

Kennen Sie den Unterschied zwischen *überzeugen* und *überreden*? Und die unterschiedlichen Gefühle, die dabei ausgelöst werden? Sind Sie von etwas überzeugt, stimmen Sie freiwillig zu. Sie glauben und vertrauen der Person, die Sie überzeugt hat. Und Sie haben auch lange Zeit nach dem Gespräch, in dem sie von etwas überzeugt wurden, das Gefühl, richtig entschieden zu haben. Ganz anders verhält es sich, wenn Sie sich überredet fühlen. Meist schon kurz nach dem entscheidenden Gespräch kommt Unzufriedenheit auf, die Sie dann schnell auf die Person des Überreders projizieren. Sie fühlen sich überrumpelt oder gezwungen und ärgern sich über den anderen. Ihre – unfreiwillige – Zustimmung ist möglicherweise nur zustande gekommen, weil Sie sich fachlich, rhetorisch oder hierarchisch unterlegen gefühlt haben. Kein Wunder also, dass Sie sich nicht wohlfühlen mit Ihrer Entscheidung.

Wenn Sie jemand anderen wirklich überzeugen, dann gewinnen Sie einen Menschen für sich bzw. für Ihre Ideen und Vorstellungen. Oder gar einen Verbündeten, der genauso enthusiastisch wie Sie für seine Ansichten eintritt. Das gute Gefühl, das dadurch bei den Beteiligten entsteht, ist es wert, sich näher mit dem Thema zu beschäftigen.

Einstellung und Engagement

Haben Sie bisher immer gedacht, Sie bräuchten nur die richtigen Argumente? Oder besonders geschliffene, zugespitzte Formulierungen für diese Argumente? Ja, dann ist es kein Wunder, wenn Sie nicht immer erfolgreich überzeugen konnten. Denn den Argumenten kommt weniger Bedeutung zu als Sie es möglicherweise erwarten.

Wer andere überzeugen möchte, muss erst einmal bei sich selbst anfangen:

- Wie ist Ihre Einstellung zu Ihrem Gegenüber?
- Wie überzeugt sind Sie selbst von Ihrer Sache?
- Was begeistert Sie an Ihrem Anliegen?

Wenn Sie für Ihre Überzeugung brennen, können Sie auch andere mitreißen. Vertrauen Sie sich selbst und sind Sie sich Ihrer Sache sicher, dann gewinnen Sie leichter das Vertrauen Ihres Gegenübers. Und wenn Sie dann auch den anderen als gleichwertigen Partner achten, wird er Ihnen eher zuhören.

Daniel ist in seiner Abteilung der Einzige, der eine Zugangsberechtigung für die Kundendatenbank hat. Daher landet jede Änderungsmeldung auf seinem Schreibtisch und er muss sie dann eingeben. Auch neue Kundenkonten können nur von ihm angelegt werden. Wenn er nicht da ist, übernimmt sein Chef diese Aufgabe. Seit ein paar Monaten nimmt dieser Teil seiner Arbeit immer mehr Raum ein. Er muss oft Überstunden machen, um sein Pensum zu bewältigen. Daniel hat eine Idee: Wenn auch andere Kollegen die Kundendaten bearbeiten, wäre er entlastet und die Eingabe schneller erledigt. Allerdings hat er wenig Hoffnung, dass sein Chef zustimmt. »Der Schröder ist so festgefahren. Wahrscheinlich sagt er sowieso Nein. Bei anderen Veränderungsvorschlägen war er auch meistens sehr zögerlich. Das wird nicht leicht«, denkt er.

Der Mann mit dem Hammer

Mit dieser Einstellung braucht Daniel gar nicht erst das Gespräch mit seinem Chef zu suchen. Wer von vornherein nicht an seinen Erfolg glaubt, verhält sich unbewusst auch dementsprechend. Die folgende Anekdote, die der Kommunikationswissenschaftler Paul Watzlawick erzählt, verdeutlicht das sehr anschaulich.

Ein Mann will ein Bild aufhängen. Den Nagel hat er, nicht aber den Hammer. Der Nachbar hat einen. Also beschließt unser Mann, hinüberzugehen und ihn zu borgen. Doch da kommt ihm ein Zweifel: Was, wenn der Nachbar mir den Hammer nicht leihen will? Gestern schon grüßte er mich nur so flüchtig. Vielleicht war er in Eile. Vielleicht hat er die Eile nur vorgeschützt, und er hat was gegen mich. Und was? Ich habe ihm nichts getan; der bildet sich da etwas ein. Wenn jemand von *mir* ein Werkzeug borgen wollte, ich gäbe es ihm sofort. Und warum er nicht? Wie kann man einem Mitmenschen einen so einfachen Gefallen abschlagen? Leute wie dieser Kerl vergiften einem das Leben. Und dann bildet er sich noch ein, ich sei auf ihn angewiesen. Bloß weil er einen Hammer hat. Jetzt reicht´s mir wirklich. – Und so stürmt er hinüber, läutet, der Nachbar öffnet, doch bevor er »Guten Tag« sagen kann, schreit ihn unser Mann an: »Behalten Sie Ihren Hammer!«

Es spielt eine grundlegende Rolle, welche Einstellung Sie anderen Menschen oder einer bestimmten Sache entgegenbringen. Wenn Sie damit rechnen, Ihr Gegenüber nicht überzeugen zu können und schon mit wenig Enthusiasmus an die Sache herangehen, werden Sie sich, ähnlich wie der Mann in der Geschichte, entsprechend verhalten. Stellen Sie sich vor, Sie kommen zu einer Veranstaltung, kennen niemanden und denken, dass sowieso keiner etwas von Ihnen wissen will. Unwillkürlich halten Sie den Kopf gesenkt, weichen Blicken aus oder halten sich möglicherweise sogar etwas im Abseits. Na, was meinen Sie? Genau: So sorgen Sie dafür, dass Ihre Vorhersage garantiert eintritt. Das ist die Grundlage der *Selffulfilling Prophecy*, der sich selbst erfüllenden Voraussage.

Wie man in den Wald hineinruft, so schallt es heraus

Was kann Daniel anders machen, um dieser negativen Dynamik zu entkommen?

> Daniel ist überzeugt davon, dass seine Idee gut ist. Immerhin schafft sein Vorschlag Abhilfe für ein Problem (seine Überlastung), ohne andere Kollegen allzu sehr zu belasten. Und sein Chef, da ist Daniel sicher, wird sich das bestimmt anhören. Nicht umsonst hat er ja ihm, Daniel, die Verantwortung für die Dateneingabe übertragen. Er schätzt seine Zuverlässigkeit und seine Art zu arbeiten. Er wird schon ein offenes Ohr haben. Und außerdem ist es erwünscht, dass Mitarbeiter Verbesserungsvorschläge machen. Das hat Herr Schröder in einer der letzten Abteilungsbesprechungen noch mal betont. »Da kann ich ja gleich beweisen, dass ich mir das zu Herzen genommen habe«, sagt Daniel sich, bevor er sich auf den Weg zum Büro des Abteilungsleiters macht.

Daniel sucht Gründe, die dafür sprechen, dass sein Chef Interesse an seinem Vorschlag zeigen wird. Das ist eine gute Strategie, die auch Sie vor einer negativen, sich selbst erfüllenden

Prophezeiung bewahren kann: Sammeln Sie überzeugende Gründe, warum der andere Ihnen zustimmen sollte.

Ebenso wichtig wie die Einstellung zum Gegenüber ist das eigene Engagement. Neben der persönlichen Arbeitsentlastung ist Daniel von dem Gedanken motiviert, möglicherweise positiv auf sich aufmerksam zu machen. Und damit schlägt er zwei Fliegen mit einer Klappe. Es ist immer gut, mehrere Gründe für das eigene Engagement zu haben. Je überzeugter Sie selbst sind, umso besser können Sie den anderen begeistern. Für sich und für Ihre Idee.

Argumentieren ist (k)eine Kunst

Wenn ich danach frage, wie sich Menschen darauf vorbereiten, andere von einer Sache zu überzeugen, höre ich oft: »Ich überlege mir meine Argumente und versuche, sie so gut wie möglich zu formulieren.« Nun, das hat auch Daniel gemacht, bevor er jetzt bei Herrn Schröder im Büro Platz nimmt. Mal sehen, was dabei herauskommt.

Nicht angekommen

»Herr Schröder, ich habe da ein Problem. Sie wissen ja, dass ich in letzter Zeit immer mehr Überstunden gemacht habe. Und manchmal ist es ja auch schon zu Schwierigkeiten gekommen, weil die Kundendaten nicht schnell genug auf den neuesten Stand gebracht wurden. Darum habe ich mir überlegt, dass doch auch andere eine Berechtigung für die Eingabe bekommen könnten. Ich hätte dann mehr Zeit für meine Hauptaufgaben und sowieso würde dann vieles schneller gehen.« Herr Schröder braucht gar nicht nachzudenken. »Das geht nicht. Dafür muss unbedingt eine einzelne Person verantwortlich sein. Sonst gibt es viel zu viele Fehler.« »Ja, aber ...«, Daniel kommt nicht weiter. »Dann teilen Sie sich Ihre Arbeit doch anders ein.« Wieder versucht es Daniel: »Aber ich bin schon so sehr im Stress. Obwohl ich meine Arbeit inzwischen neu organisiert habe, schaffe ich es nicht mehr.« Der Abteilungsleiter nickt verständnisvoll. »Dann brauchen Sie mal Urlaub. Machen Sie doch mal ein verlängertes Wochenende.« Daniel hat das Gefühl, in der Sackgasse zu stecken. Sein Chef scheint nicht zu verstehen, worum es ihm geht. Enttäuscht von der klaren Ablehnung seines Vorschlags kehrt er schließlich an seinen Arbeitsplatz zurück.

Was meinen Sie? Können Sie verstehen, dass Daniel jetzt enttäuscht und ärgerlich über seinen ignoranten Chef ist? Schließlich hat er seinen Vorschlag doch gut vorgebracht und begründet, sollte man meinen.

Aber genau das hat er eben nicht getan. Es ist ihm nicht gelungen, bei seinem Gegenüber Interesse zu wecken. Ganz ehrlich: Warum sollte der Chef etwas verändern wollen? Es läuft doch – aus seiner Perspektive betrachtet – alles wunderbar.

Das Interesse der anderen

Die meisten Menschen versuchen ihr Gegenüber mit den Argumenten für ihr Anliegen zu gewinnen, die sie selbst überzeugt haben oder die ihre eigenen Interessen ansprechen. Dabei ignorieren sie allerdings die Tatsache, dass jeder Mensch anders denkt und fühlt.

Tappen Sie nicht in diese Falle und gehen Sie bloß nicht davon aus, dass ein anderer genau so tickt wie Sie. Ebenso wenig können Sie erwarten, dass Ihr Gesprächspartner ganz erpicht darauf ist, Ihnen Ihre Wünsche zu erfüllen. Dafür braucht er schon gute Gründe – Gründe, die *seiner* Sicht der Dinge entsprechen. Ihre ganz persönlichen Begründungen sind da von untergeordneter Bedeutung!

Stellen Sie sich das Gespräch als Comic vor. Während der eine redet, erscheint über dem Kopf seines Gesprächspartners ein Gedankenwölkchen. Wenn uns jemand von etwas überzeugen will, dann sieht unser Wölkchen so aus:

Dieser Gedanke Ihres Gesprächspartners ist der Schlüssel zu Ihrem Erfolg. Beantworten Sie die Frage zur Zufriedenheit des anderen, so haben Sie eine große Chance, ihn zu überzeugen. Finden Sie heraus, was ihn motiviert, was ihn also aktiv werden lässt, um (seine) Bedürfnisse zu befriedigen und sich wohl zu fühlen.

Denn alles, was der Befriedigung unserer Bedürfnisse dienen könnte, weckt Interesse. Ebenso wie alles, das verhindern könnte, dass ein Bedürfnis unbefriedigt bleibt.

Hinzu kommt, dass Ihr Gegenüber etwas erlebt, das im beruflichen (und leider auch im privaten) Umgang miteinander oft zu kurz kommt: Den anderen in den Mittelpunkt zu stellen und sich für ihn zu interessieren. Ein zusätzlicher Pluspunkt für Sie!

Und damit Sie gut vorbereitet in Ihr nächstes Überzeugungsgespräch gehen, folgt hier eine Auswahl von Bedürfnissen zur Inspiration:

Abwechslung	Akzeptanz	Anerkennung
Austausch	Autonomie	Bequemlichkeit
Beständigkeit	Bewegung	Effektivität
Freiheit	Freude	Gemeinschaft
Gesundheit	Gesundheit	Gewinn
Glück	Harmonie	Klarheit
Kontakt	Kraft	Kreativität
Mitgefühl	Offenheit	Ordnung
Profit	Respekt	Rücksicht
Ruhe	Schutz	Struktur
Selbstbestimmung	Sicherheit	Unterstützung
Verantwortung	Vergnügen	Verständigung
Verständnis	Vertrauen	Wahrgenommen-Werden
Wertschätzung	Zugehörigkeit	

Diese – bei Weitem nicht vollständige – Liste bietet Ihnen jede Menge Anknüpfungspunkte für die Vorbereitung Ihrer Argumentation. Wenn Sie jemanden für etwas gewinnen möchten, dann überlegen Sie, welche Bedürfnisse er oder sie haben könnte. Oder gibt es eine Situation, die der andere als mangelhaft oder unbefriedigend erlebt, ein Ziel, das er unbedingt erreichen möchte? Motivation entsteht aus dem Wunsch, Bedürfnisse zu befriedigen!

Sachinteresse, der Anreiz positiver Emotionen und eine Erfolgserwartung: Das ist es, was wir alle brauchen, um wirklich motiviert zu sein. Dann lassen wir uns auch überzeugen.

Im Mittelpunkt Ihrer Aktivitäten sollte also nicht Ihre Sache stehen, sondern das Interesse Ihres Gegenübers. Und bitte denken Sie daran: Was Sie selbst motiviert, muss deshalb nicht automatisch auch auf andere motivierend wirken!

Nun betrachten Sie Ihr Anliegen, Ihre Wünsche, Ihre Idee und fragen sich:

- Welches Bedürfnis meines Gegenübers befriedigt das?
- Welche Ziele hat er?
- Wie hilft ihm das, wovon ich ihn überzeugen will, ganz persönlich?
- Welchen Nutzen hat es für ihn, wenn er zustimmt?

Wenn Sie gut hinhören, werden Sie schnell herausfinden, wie Sie den anderen wirklich erreichen. Wurde ein Vorschlag schon einmal abgelehnt, achten Sie auf die Begründung. Nicht selten bekommen Sie an dieser Stelle wertvolle Informationen und Steilvorlagen für Ihre motivierende Argumentation. So wie Daniel, der von Herrn Schröder den Hinweis bekommt, dass er unbedingt fehlerhafte Dateneingabe verhindern möchte. Ihm liegt also viel daran, sein Bedürfnis nach Sicherheit zu beruhigen.

Aus Steinen, die einem in den Weg gelegt werden, kann man auch etwas Schönes bauen …

Wenn solche Hinweise ausbleiben oder Sie den Eindruck haben, nicht genau zu wissen, welche Interessen der andere hat, dann bleibt Ihnen nichts anderes übrig, als zu fragen. Nicht umsonst sind gute Verkäufer ausgezeichnete Frager und Zuhörer. Ihre Fragen lauten beispielsweise so:

- Wie interessant ist für Sie …?
- Wie wichtig ist Ihnen …?
- Was würden Sie sagen, wenn …?

Je mehr Sie über den anderen wissen, umso besser für Ihre zielorientierte Argumentation.

> Vor seinem zweiten Versuch, Herrn Schröder zu überzeugen, hat Daniel seine Hausaufgaben gemacht: »Herr Schröder, wir wissen beide, dass gut gepflegte Kundendaten unabdingbar für die Kundenbeziehung und eine gute Erledigung der Aufträge sind. Und wir haben beide das Interesse, unsere Kunden schnell und einwandfrei zu beliefern. Im Moment ist es so, dass einiges etwas länger dauert, weil die Daten nicht schnell genug aktualisiert werden können. Der Ablauf stockt auch immer dann, wenn einer von uns beiden im Urlaub ist und der andere viel um die Ohren hat. Na ja, und Sie wissen ja selbst, wie es ist, wenn man unter Druck noch schnell was erledigt. Dann kommt es eben auch leicht mal zu Fehlern bei der Eingabe. Wenn Sie weiterhin so oft in Besprechungen und Projekten eingebunden sind und auch mein Aufgabengebiet weiter wächst, dann sollten wir uns Gedanken darüber machen, ob wir etwas ändern. Sonst kann es passieren, dass wir nicht mehr so erfolgreich arbeiten, wie es unser Interesse ist. Dann werden sich immer mehr Kunden beschweren oder andere Abteilungen sind ärgerlich, weil sie nicht weitermachen können.
> Mein Vorschlag ist, dass alle Kollegen die Berechtigung zur Eingabe der Stammdaten erhalten. Dann können Sie sicher sein, dass die Abteilung weiterhin gute Arbeit leistet. Und wenn alle die Eingaben vornehmen können, bedeutet das für Sie, dass Sie viel mehr Zeit für wichtige strategische Aufgaben haben. Wenn wir die Kollegen gut einarbeiten, können Sie sicher sein, dass alles einwandfrei erledigt wird.«

Mit dieser Strategie hat Daniel Erfolg bei Herrn Schröder. Anstatt nur über seine Interessen zu sprechen, nimmt er Bezug auf sein Gegenüber. Auch Sie werden mit diesem Vorgehen erfolgreichere Überzeugungsarbeit leisten – wo immer Sie es wollen.

Das Gehaltsgespräch

Irgendwann kommt sicher auch bei Ihnen der Moment, an dem Sie beschließen, mit Ihrem Chef über Ihr Gehalt zu sprechen. Als Führungskraft habe ich da schon einige nette Versuche erlebt – und längst nicht allen Forderungen und Wünschen entsprochen. Schon gar nicht, wenn Argumente wie die folgenden kamen:

- Ich bin doch schon zwei Jahre da ...
- Wir bauen doch jetzt und da dachte ich ...
- Frau Müller bekommt mehr als ich ...
- Die Lebenshaltungskosten sind gestiegen und ...
- Ich habe gehört, dass ich bei anderen Firmen zehn Prozent mehr verdienen würde ...
- Ich war im letzten Jahr sehr erfolgreich ...

Chef, ich brauche mehr Geld!

Wenn mich allerdings eine Mitarbeiterin davon überzeugen konnte, dass es sich auch für mich lohnt, wenn sie mehr Geld bekommt, dann war ich bereit, darüber nachzudenken.

Auch hier gilt: Bereiten Sie sich gut vor. Spontaneität ist super, aber bei Gehaltsgesprächen gefährlich. Denn nach einem missglückten Versuch dauert es lange, bis Sie mit Ihrem Anliegen wieder Gehör finden.

Gut gerüstet ins Gespräch

Ihr Chef braucht das Gefühl, dass ihm die Gehaltserhöhung mehr bringt als sie kostet. Orientieren Sie sich also an der entscheidenden Ausgangsfrage nach den Vorteilen, die Ihr Gegenüber hat: Warum sollte Ihr Chef oder Ihre Chefin ein Interesse daran haben, Ihnen ein höheres Gehalt zu zahlen?

Verfallen Sie jetzt bloß nicht auf die Erpresser-Taktik.

Wenn Sie mit Kündigung drohen, dann müssen Sie auch wirklich bereit sein zu gehen. Sonst haben Sie ein für alle Mal verloren.

Versetzen Sie sich in die Lage Ihres Vorgesetzten

Seien Sie realistisch. Versuchen Sie sich in den Standpunkt Ihres Vorgesetzten und die Situation, in der sich Ihr Chef befindet, hineinzuversetzen.

- Welchen Zwängen ist er ausgesetzt?
- Wie ist das Gehaltsgefüge im Unternehmen?
- Welche Interessen hat der Chef?
- Welche Erhöhung ist angemessen?

Wenn Sie mehr Geld bekommen, dann muss es sich für beide Seiten lohnen. Die Vergangenheit spielt dabei keine Rolle. Für geleistete Arbeit gibt es bestenfalls einen Bonus. Und auch nur dann, wenn Sie wirklich mehr geleistet haben, als sowieso von Ihnen erwartet wird. Die meisten Vorgesetzten haben eine klare Vorstellung davon, welche Arbeitsleistung mit der aktuellen Bezahlung abgegolten ist, eine Gehaltserhöhung stellt für sie eine Investition in die Zukunft dar. Also überzeugen Sie sich zuerst selbst davon, dass Ihr Chef einen Gewinn davon hat, wenn er in Sie investiert.

Investitionen in die Zukunft

- Was können Sie tun, um den Nutzen Ihrer Tätigkeit für das Unternehmen, Ihren Chef, die Kollegen, die Kunden in Zukunft zu steigern?
- Wo wollen Sie sich in Zukunft mehr einbringen?
- Welche Sonderprojekte werden Sie annehmen?
- Wo können und wollen Sie mehr Verantwortung übernehmen?
- Welche Verbesserungsvorschläge haben Sie?
- Was können Sie tun, um Ihrem Chef seine Arbeit zu erleichtern?

Erweitern Sie Ihre Chancen, indem Sie sich Alternativen zur Gehaltserhöhung ausdenken. Es kann ja wirklich sein, dass gerade kein Budget zur Verfügung steht, der Chef befürchtet, dass das Gehaltsgefüge ins Wanken gerät oder andere Gründe dagegen sprechen, eine Gehaltserhöhung vorzunehmen. Wenn Ihr Gegenüber überzeugt ist, dass es sich lohnt, in Sie zu investieren, dann kann er das auch mit anderen Mitteln. Seien Sie kreativ und schlagen Sie beispielsweise diese Lösungen vor:

Geldwert statt Bares!

- eine bezahlte Weiterbildungsmaßnahme
- erfolgsabhängige Vergünstigungen
- Direktversicherung
- Essensgutscheine
- ein Sonderurlaub
- Nutzung eines Dienstwagens
- ein Handy mit Flatrate auch zur privaten Nutzung

Nun sind Sie gut vorbereitet und können getrost in das Gespräch gehen. Vorausgesetzt, Sie sind wirklich bereit, in Zukunft mehr zu leisten als das übliche Tagesgeschäft. Und vorausgesetzt, Sie sind auch in der Vergangenheit positiv aufgefallen. Das dürfte Ihnen nicht schwer fallen, wenn Sie die Anregungen aus diesem Buch beherzigen. Übrigens: Wie Sie mit möglichen Einwänden umgehen können, erfahren Sie im nächsten Kapitel.

Überzeugend kommunizieren

Strategisch sind Sie nun fit für Überzeugungsgespräche. Was jetzt noch fehlt, ist das Handwerkszeug – die Art, wie Sie kommunizieren. Sprache und Körpersprache spielen eine entscheidende Rolle, wenn Sie andere für sich gewinnen wollen.

Wussten Sie, dass Menschen normalerweise zu achtzig Prozent unbewusst und spontan kommunizieren und nur zu zwanzig Prozent bewusst und überlegt? Ein Grund mehr, sich für die zwanzig Prozent gut zu rüsten und sie möglicherweise noch zu steigern. Nein, Sie müssen nicht ab sofort alles anders machen. Es reicht für den Anfang schon, wenn Sie in entscheidenden Situationen aufmerksam sind und bewusster kommunizieren. Im Laufe der Zeit, wenn Sie Erfolg damit haben, verinnerlichen Sie das Handwerkszeug und wenden es öfter an. Und irgendwann wird es sich ganz vertraut anfühlen.

Wie Worte motivieren

Zu den unbewussten achtzig Prozent der Kommunikation gehört auch der Sprachgebrauch. Ich meine damit nicht den Inhalt, sondern die Wörter und Ausdrücke, die benutzt werden. Unsere Sprache ist zum großen Teil negativ, konfrontativ und problemorientiert. Achten Sie mal darauf, wie oft Sie sich anhören müssen, was nicht geht, anstatt zu erfahren, was möglich ist. Oder wie man gute Nachrichten negativ färben kann:

> »Hallo, na, wie geht's denn so?« »Nicht schlecht, und dir?« »Ach, ich kann nicht klagen.«

Das klingt vertraut. Alles ganz normal, beiden Gesprächspartnern geht es gut. Wie kommt es bloß, dass sich dennoch kein positives Gefühl einstellt?

Ganz einfach: »Nicht schlecht« und »Ich kann nicht klagen« klingt eher problemorientiert. Hinzu kommt, dass unser Gehirn einige Zeit braucht, um die Verneinung zu erkennen. Hier kommt ein Selbstversuch für Sie:

— — — — — — — — — — — —

Denken Sie jetzt nicht daran, wie Sie an einem sonnigen, warmen Tag am Strand spazieren gehen. Und denken Sie nicht daran, wie die Wellen flüstern und schmeichelnd Ihre Zehen umspielen. Denken Sie nicht an den kühlen Drink an der Strandbar und auch nicht an den Geruch von Sonnenmilch. Und ganz wichtig: Denken Sie auf gar keinen Fall an eine Banane!

Denken Sie jetzt bloß nicht an eine Banane!

— — — — — — — — — — — —

Na? Woran denken Sie? Genau. Noch vor zwei Minuten wäre es Ihnen nicht mal im Traum eingefallen, sich einen Urlaubstag am Strand vorzustellen, geschweige denn Bananen. Und nun haben Sie beides im Kopf. Einzig und allein darum, weil ich geschrieben habe, Sie sollten nicht daran denken. Nun stellen Sie sich mal jemanden vor, der von Ihnen zu hören bekommt: »Kein Problem!« Sein Gehirn hört zunächst einmal das Wort »Problem« und erst danach verarbeitet es das Wörtchen »kein«. Und im Handumdrehen setzt sich das »Problem« im Kopf fest. – Auch wenn es eigentlich gar keins gibt.

Wollen Sie Menschen positiv motivieren? Und sich selbst gleich mit? Dann antworten Sie auf die Frage nach der Befindlichkeit doch ganz einfach positiv und ersparen Sie Ihrem und dem Gehirn Ihres Gesprächspartners den Umweg über das Negative:

»Hallo, na, wie geht's denn so?« »Gut, und dir?« »Mir auch!«

Sie können mit Sicherheit auch leichter jemanden überzeugen, wenn Sie ihm sagen, was geht, anstatt ihn mit Unmöglichkeiten zu belasten.

Und so können Sie Probleme in Lösungen übersetzen:

Problemorientiert	Lösungsorientiert
Wenn Sie zustimmen, haben Sie keine Probleme mehr mit Mehrarbeit.	Wenn Sie zustimmen, gewinnen Sie jede Menge Zeit.
Sie wollen doch die Kunden nicht verärgern.	Sie wollen doch, dass die Kunden zufrieden sind.
Ich möchte Ihnen keine falsche Information geben.	Ich möchte Ihnen eine korrekte Information geben.
Um zu vermeiden, dass Sie einen guten Mitarbeiter verlieren, ...	Damit Sie einen guten Mitarbeiter zum Bleiben bewegen, ...

Gerade, wenn Sie einen Menschen überzeugen wollen, malen Sie ihm die angenehme Situation aus, in die er kommt, wenn er Ihre Vorschläge annimmt. Das motiviert und reizt dazu, Ihnen zuzuhören und sich Ihren Argumenten zu öffnen.

Zuwendung signalisieren und Vertrauen wecken

Neben der verbalen Ebene spielt auch die Körpersprache eine Rolle, wenn Sie überzeugen wollen. Je sicherer Sie wirken und je offener Ihre Körperhaltung ist, umso glaubwürdiger sind Sie für Ihren Gesprächspartner.

Und so strahlen Sie Sicherheit aus:

- Halten Sie Blickkontakt, ohne den anderen zu fixieren. Schauen Sie nicht immer direkt in die Augen, sondern suchen Sie sich mehrere Stellen im Gesicht, die Sie abwechselnd ansehen.
- Lächeln Sie! Ein mit freundlicher Miene vorgebrachtes Argument signalisiert Sicherheit.
- Wenden Sie sich mit dem ganzen Körper dem Gesprächspartner zu. Besonders effektvoll ist es, wenn Sie Ihren Stuhl leicht in seine Richtung drehen.
- Sitzen oder stehen Sie gerade. Sie fühlen sich dann auch selbst viel sicherer.
- Souverän wirken Sie, wenn Sie Ihre Hände auf dem Tisch haben oder für eine begleitende Gestik benutzen. In Ihrem Gesicht, an der Brille, an der Haarsträhne oder im Bart haben die Hände nichts zu suchen!

Üben Sie ruhig auch mal vor dem Spiegel, und das nicht erst kurz vor einem wichtigen Überzeugungsgespräch. Üben Sie zum Beispiel auch privat und in einem Umfeld, in dem Sie sich sicher fühlen. Wer weiß, vielleicht überzeugen Sie in der Übungsphase endlich Ihre Freundin, mit Ihnen einen Tanzkurs zu machen. Oder Ihren Liebsten, das Auto auch innen zu säubern. Üben Sie nach Herzenslust und probieren Sie sich aus. Wenn dann im Beruf Überzeugungsarbeit anliegt, sind Sie schon fast ein Profi.

FAZIT

- »Wenn es ein Geheimnis des Erfolges gibt, so ist es das: Den Standpunkt des anderen verstehen und die Dinge mit seinen Augen zu betrachten.« (Henry Ford)
- Gute Chancen hat derjenige, der für seine Sache brennt und daran glaubt, dass der andere zu überzeugen ist.
- Beantworten Sie die oft ungestellte Frage Ihres Gegenübers: »Und was habe ich davon?«
- Argumentieren Sie bei Gehaltsgesprächen mit zukünftigen besonderen Leistungen, denn für Vorgesetzte sind Gehaltserhöhungen Investitionen in die Zukunft.
- Überzeugen Sie mit positiver, lösungsorientierter Sprache und souveräner Körpersprache.

4. Keine Angst vor Gegenwind

Warum Ihnen nichts Besseres passieren kann als Einwände und Widerstand

Weder im beruflichen noch im privaten Umfeld läuft stets alles »wie geschmiert«. Wer Ziele erreichen will, dem stellen sich große oder kleine Hürden in den Weg. Manche sind so leicht zu überwinden, dass wir sie gar nicht richtig wahrnehmen. Und manche erscheinen uns so groß, dass wir erschrocken innehalten und das Projekt am liebsten wegen Aussichtslosigkeit begraben würden. Manchmal wollen wir Menschen für eine Idee oder Veränderungen gewinnen und werden mit Widerstand konfrontiert. Lästig? Unüberwindlich? Lieber gleich aufgeben? Bloß nicht!

Wer kennt das nicht: Da hat man eine Idee, möchte sie in der Runde verkünden und dann kommen die Zweifel: Was ist wenn, ... Herr Meier etwas dagegen hat oder Frau Müller unbequeme Fragen stellt?! Und wenn sich dann tatsächlich ganz handfester Widerstand regt? Wer jetzt aufgibt, verpasst den Erfolg.

Die Energie des Gegenwindes

Lutz ist Chefredakteur einer Verbandszeitschrift. Schon viele Jahre gestaltet er die Zeitung mit großem Engagement. Anlässlich einer Verbandstagung regt Frau Frey, die neue Geschäftsführerin, an, eine Arbeitsgruppe zu bilden, die die Zeitung analysieren und gegebenenfalls Vorschläge für Änderungen machen soll. Lutz ist fassungslos.

Frontalangriff?

Seit er das Magazin betreut, schreibt es schwarze Zahlen und die Leser äußern sich immer wieder zufrieden über die Inhalte. Er fühlt sich übergangen und in seinen Fähigkeiten angezweifelt. Lutz ist wütend auf Frau

Frey und spricht den Mitgliedern der Arbeitsgruppe jegliche Kompetenz ab. Am liebsten würde er jetzt alles hinschmeißen. Und auf jeden Fall der neuen Frau an der Spitze mal gehörig die Meinung sagen!

Nicht selten reagieren wir auf Gegenwind erst einmal wie gelähmt. Im Fall von Lutz kommt hinzu, dass er sich angegriffen fühlt und den starken Impuls hat, sich zu verteidigen. Beides bringt ihn nicht weiter. Im Gegenteil! Wenn er gar nichts tut, wird er umgeweht. Und wenn er sich verteidigt, können Spannungen entstehen, die eine Lösung nicht unbedingt begünstigen.

Wer sich wie ein Wurm gibt, der wird auch als Wurm aufgepickt

Ich begegne bei meiner Arbeit immer wieder Menschen, die ihre Energie darauf verschwenden, sich zu rechtfertigen, zu verteidigen oder resigniert die vermeintlichen Gegner schlecht zu machen. »Mir traut keiner was zu«, »Ich werde gemobbt« oder »Die haben zwar alle keine Ahnung, aber an denen komme ich sowieso nicht vorbei«, sind Gedanken, die zur Lähmung führen. Und wenn sie ausgesprochen werden, können sie bisweilen gefährlich sein: Wer sich klein macht, wird auch von oben herab behandelt. Sie können den Widerstand nur besiegen, wenn Sie sich seine Energie zunutze machen. Nehmen Sie ihn als Steilvorlage für Ihr Selbstmarketing. Und handeln Sie aktiv und bewusst.

Was ist wirklich passiert?
Spontane Reaktionen sind menschlich. Und schießen manchmal ziemlich über ihr Ziel hinaus! Wenn Lutz der neuen Verbandsgeschäftsführerin die Meinung sagt, wird er nichts erreichen – außer ihren Widerstand.

Aber – Hand aufs Herz – würden Sie es nicht auch gerechtfertigt finden, wenn er sich wehrt? Oder seinen Mut bewundern, wenn er es tatsächlich tut?

Und später sehen wir unseren Helden, wie er immer wieder darum kämpft, nicht untergebuttert zu werden. Lohnt sich das wirklich? Er kann seine Energie sehr viel besser einsetzen. Aber dafür muss er erst einmal kurz innehalten.

Bevor Sie auf vermeintliche Angriffe oder Zweifel an Ihrer Kompetenz spontan mit Empörung und Widerstand reagieren, atmen Sie einmal tief durch. Und nehmen Sie sich Zeit für eine Analyse des Geschehens.

Im Fall von Lutz ist real nur eines passiert: Es wurde eine Arbeitsgruppe ins Leben gerufen, die sich mit der Verbandszeitung beschäftigt und Ideen sammelt, wie man die Leser an die Zeitung binden kann. Nie war die Rede davon, Lutz die Kompetenz abzusprechen. Das ist seine Interpretation. Und selbst wenn sich hinter der ganzen Aktion eine Kritik an seiner Arbeit versteckt, ist das noch lange kein Grund, sich als Opfer von Intrigen oder Unverständnis zu fühlen.

Was tun?

Erinnern Sie sich noch einmal an das Bild von der Steilvorlage. Nehmen Sie den Ball auf und spielen Sie nun Ihrerseits klug nach vorn. Schließlich wollen Sie etwas erreichen. Die wirklichen Stars beim Fußball nutzen jede Chance, um Tore zu schießen. Und manchmal muss man dann eben auch dribbeln und ein paar Querpässe spielen.

Dribbeln und Querpässe spielen

Im letzten Augenblick konnte Lutz sich noch auf die Zunge beißen. Er nimmt sich vor, erst einmal eine Nacht darüber zu schlafen, bevor er reagiert. Am Abend macht er sich Notizen. Welche Gründe könnte Frau Frey haben, sich in die Produktion des Magazins einzumischen? Was möchte sie wohl erreichen? Welche Befürchtungen hat sie möglicherweise? Dabei fällt Lutz auf, dass er es bisher versäumt hat, sich und das Magazin ausführlich vorzustellen und die neue Geschäftsführerin für eine gute Zusammenarbeit zu gewinnen.

Der erste Schritt ist getan. Durch das Innehalten und Nachdenken bleibt die Handlungsfähigkeit erhalten. Ohnmächtige, wütende und schimpfende Opfer sind nicht in der Lage, Erfolge zu erzielen. Im Gegenteil: Aus einem einfachen Missverständnis oder einer fairen Konfrontation kann so schnell ein handfester Konflikt entstehen.

Sie haben eine gute Chance, das zu verhindern, wenn Sie sich Zeit nehmen und sich in die Lage des anderen versetzen. Versuchen Sie zu verstehen, wie der Gegenwind entstanden ist und welche Motive ihn treiben. Die folgende Checkliste kann Sie dabei unterstützen, eine wirksame Strategie zu entwickeln.

Checkliste bei Gegenwind

- Welche Interessen hat der andere?
- Was sind seine Ziele?
- Welche Bedürfnisse und Wünsche hat er?
- Was fürchtet er möglicherweise?
- Wie können Sie seine Befürchtungen entkräften?
- Wie ist Ihre Beziehung zueinander?
- Welche gemeinsamen Ziele haben Sie?
- Wie können Sie sich gegenseitig von Nutzen sein?
- Wie kann der andere von Ihrer Idee, Ihrem Projekt etc. profitieren?

Wer sich mit diesen Fragen ernsthaft auseinandersetzt, kann die zerstörerischen Folgen von Druck und Gegendruck vermeiden. Wohlgemerkt: Es geht hier nicht darum, zu kneifen oder um gutes Wetter zu bitten. Hier sind Konsequenz und Klarheit gefragt. Verlieren Sie Ihr Ziel nicht aus den Augen. Und sorgen Sie dafür, dass der Widerstand Ihnen nutzt.

Lutz hat seine Hausaufgaben gemacht und erkannt, dass Frau Frey ebenso wie er sehr interessiert daran ist, dass das Magazin den Mitgliedern des Verbands gefällt. Sie möchte darum auch die Leser einbinden und hören, wie sie sich »ihr« Magazin wünschen. Als neue Geschäftsführerin hat sie außerdem den Wunsch, sich bemerkbar zu machen und sich positiv in Szene zu setzen. Alle sollen merken, dass sie im Sinne der Mitglieder denkt und handelt. Zu Lutz hat sie bisher keine Beziehung aufgebaut. Darum ist ihr gar nicht bewusst, dass sie ihn möglicherweise kränken könnte.

Lutz hat nun eine Idee, wie er vorgehen kann, um den vermeintlichen Gegenwind als Antrieb zu nutzen. Zunächst einmal vereinbart er einen Termin mit Frau Frey, an dem er ihr das Konzept des Magazins, die Erfolgsgeschichte und sich selbst vorstellen will. Und er nimmt sich vor, genau in Erfahrung zu bringen, wie sie denkt und was ihre Ziele und Pläne für den Verband sind. Eventuell wird er auch ansprechen, dass er ihre Einmischung als Grenzüberschreitung empfunden hat und zukünftig Missverständnisse gern von vornherein vermeiden möchte.

So kann es funktionieren. Das Interesse für die Gegenspielerin und die Suche nach Gemeinsamkeiten ermöglichen gegenseitige Wertschätzung und konstruktives Austragen von Konflikten. Das wiederum schafft eine gute Basis für die zukünftige Kooperation.

Gegenwind als Ansporn

Wie Sie den Gegenwind nutzen können, um sich selbst zu motivieren, zeigt ein anderes Beispiel. Hier geht es darum, wie man sich nicht als Opfer einer Situation empfindet, sondern selbst zur aktiv handelnden Person wird. Die Steine, die der Heldin der folgenden Geschichte in den Weg gelegt werden, spornen sie dazu an, zu beweisen, dass sie stark genug ist, diese Hindernisse beiseite zu räumen.

Euch zeige ich es!

Nach einem Berufswechsel nimmt Imke eine befristete Stelle in einem Traditionsunternehmen an. Vieles ist ihr fremd. Das Leben im Büro, die ungeschriebenen Gesetze, die Männer, die ihr nichts zutrauen, und die Frauen, die sie argwöhnisch und mitleidig betrachten: »Die hat doch gar keine Erfahrung! Die ist bestimmt schnell wieder weg hier.« Völlig verunsichert hat sie ständig Angst, etwas falsch zu machen. Und als Neuling bleibt es gar nicht aus, dass sie Fehler macht oder nachfragen muss. Insgeheim kommt ihr schon der Gedanke, dass es mit einer Verlängerung des Arbeitsverhältnisses wohl nichts werden wird. Dabei braucht sie so dringend einen guten Job!

Und noch ein anderes Gefühl regt sich in ihr: Entrüstung. »Was fällt denen eigentlich ein, mich so zu behandeln!«

Imkes Aufstieg beginnt in dem Moment, als sie mit ihrer ganzen Wut gegen die entmutigenden Kommentare rebelliert und sich sagt: »Euch zeige ich es!« Die Wut hat sie aufgeweckt und zum Kämpfen gebracht. Und ein halbes Jahr später ist sie Abteilungsleiterin! Nicht, dass diese sechs Monate ein Zuckerschlecken sind. Aber Imke ist hoch motiviert und hat genug Wut im Bauch, um über sich hinauszuwachsen und sogar unerwartet mutig zu sein. Sie spricht Kollegen an, die ihr für ihr Vorhaben nützlich sein können, schließt sich ihnen an, wenn sie in die Kantine gehen und bastelt so an ihrem Netzwerk. Es dauert gar nicht lange und Imke bekommt Insider-Informationen aus Meetings, an denen sie (noch) nicht teilnehmen darf. Das Gefühl, im Abseits zu stehen, legt sich. Seit sie

weiß, wer an welcher Stelle Einfluss hat, gelangen ihre Fragen, Vorschläge und Ideen an die richtige Adresse.
Außerdem lässt sie sich nicht mehr ins Bockshorn jagen. Inzwischen hat sie gemerkt, dass sie allein schon aufgrund ihres – zugegeben manchmal noch gespielt – selbstbewussten Auftretens ernst genommen wird. Und bei jedem Rückschlag hilft ihr persönliches Mantra: »Euch zeige ich es!« Imke tritt schließlich sicherer auf, weil sie sich sicherer fühlt. Und ihr Chef traut ihr zu, eine Abteilung neu aufzubauen, Mitarbeiter einzustellen und den Bereich eigenständig zu leiten. Denn Imke zeigt Führungsqualität!
Beruhigt fährt Imke einige Monate später in den Urlaub. Es läuft ja alles gut. Sie hat mittlerweile einen festen Vertrag bekommen, auf ihrer Visitenkarte prangt die Bezeichnung »Manager« und es ist nur noch eine Frage der Zeit, bis der neue Firmenwagen auf dem Hof stehen soll.

Doch Gegenwind ist kein einmaliges Phänomen. Die Hoffnung, nun habe man ihn ein für alle Mal besiegt, ist trügerisch. Machen Sie sich darauf gefasst, dass Sie immer wieder mit Widerstand umgehen müssen. Er muss zwar nicht immer so heftig sein, aber ganz ohne geht es eben nicht. Und denken Sie daran: Mancher Gegenwind ist auch Fahrtwind, den Sie selbst verursachen. Er ist unvermeidlich.

Konsequent vorangehen

Braun gebrannt und tatendurstig kommt Imke nach dem Urlaub wieder ins Büro – und erfährt, dass man unterdessen beschlossen hat, ihre Abteilung aufzulösen und in eine andere zu integrieren! Völlig überrumpelt und empört versucht sie herauszufinden, was passiert ist und wer diese Entscheidung warum getroffen hat. Am Abend kennt sie die offiziellen und auch die diversen inoffiziellen Versionen. In dieser Nacht ist an Schlaf nicht zu denken, und am Morgen steht ihr Entschluss fest: Sie will kämpfen. An Aufgeben ist nicht zu denken. Imke nutzt sogar einen Kontakt zur Muttergesellschaft in den USA, um ihr Ziel zu erreichen. In langen Gesprächen und zähen Verhandlungen überzeugt sie die Entscheider von den Vorteilen, die die Arbeit ihrer neuen Abteilung für das Unternehmen hat. Und gewinnt durch ihr mutiges und konsequentes Verhalten Anerkennung und Ansehen.

Dieses ist eine wahre Geschichte aus meiner Praxis. Und ich bin überzeugt: Wenn alles ohne Gegenwind verlaufen wäre, hätte Imke keine Veranlassung gesehen, ihre Ressourcen zu aktivieren und dabei sich selbst – und anderen – zu beweisen, was in ihr steckt.

Ohne Wind geht gar nichts

»Das klingt alles ganz nett«, werden Sie jetzt vielleicht sagen. »Aber wie spreche ich denn mit den Leuten, die Einwände gegen meine Argumente vorbringen? Wie gehe ich damit um, wenn sich mir plötzlich Stolpersteine in den Weg legen?« Und damit kommen wir zum Handwerkszeug.

Energie und Information

Wenn Segler Gegenwind haben, kreuzen sie, um doch noch zum Ziel zu kommen. Das kann dann auch schon mal etwas länger dauern. Aber ganz ohne Wind bewegt sich gar nichts! Und manchmal drehen sie das Boot in den Wind und nutzen den Gegenwind als Bremse, sodass sie dann in Ruhe darüber nachdenken können, wie die Fahrt weitergehen soll.

Da hört der Neuankömmling vom erfahrenen Meister: »Von so einem Anfänger lasse ich mir nichts sagen. Ich bin schließlich hier der Fachmann!« Huch! Gegenwind! Jetzt bloß nicht aggressiv reagieren oder überheblich kontern: »Sie müssen sich einfach damit abfinden, dass ich jetzt hier der Boss bin. Und inzwischen ist Ihr Wissen ja auch nicht mehr ganz neu.« Damit erzeugen Sie nur weiteren Widerstand. Erkennen Sie die Energie des Gegenwinds an und nutzen Sie ihn wie die Segler zum Abbremsen und Nachdenken:

»Von dir lasse ich mir nichts sagen!«

- Welche Informationen stecken in der Äußerung?
- Was geht in dem anderen vor?
- Wie kann ich diese Informationen nutzen?
- Welchen Umweg kann ich wählen, um doch noch zum Ziel zu kommen?

Im oben genannten Fall zeigt der Sprecher, dass er sich seiner Kompetenz bewusst ist. Er möchte weiter so eigenständig arbeiten wie bisher. Und er befürchtet, dass seine Erfahrung nicht anerkannt wird. Wenn Sie zukünftig mit diesem Mitarbeiter oder Kollegen arbeiten wollen (oder müssen), dann sollten Sie jetzt einen klugen Umweg einschlagen! Erfragen Sie sein Wissen! Hören Sie ihm zu. Zeigen Sie ihm, dass Sie seine Erfahrung schätzen. Beziehen Sie ihn in Lösungsfindungen und Entscheidungen ein. Lassen Sie ihm Zeit. Und wenn Sie unbedingt argumentieren müssen, dann sprechen Sie mit ihm darüber, welche positiven Auswirkungen es zum Beispiel haben kann, wenn jemand einen Sachverhalt aus der Distanz und ohne Betriebsblindheit betrachtet. Oder welchen Nutzen das neue Vorgehen für ihn haben könnte.

Der kluge Umweg

Chancen nutzen

> »Sorry, aber Sie müssen in einen anderen Raum umziehen. Der hier ist zu klein für alle, die noch zuhören wollen!«

Plötzlich ist alles ganz anders ...

Auch das noch – Sie hatten gerade mit Ihrer Präsentation begonnen. Die Einleitung war einigermaßen gelungen und Sie sind dabei, die Zuhörer für sich zu gewinnen. Jetzt bloß nicht nervös werden oder sich entmutigen lassen. Natürlich ist diese Unterbrechung, zumal zu Beginn einer Präsentation, wo sich doch gerade die Beziehung zu den Zuhörern aufbaut, ärgerlich. Verfallen Sie jetzt nicht in Panik; vielmehr können Sie abbremsen und nachdenken und so die Energie dieser unfreiwilligen Pause nutzen.

Die Information, die Sie der obigen Aussage entnehmen können, ist doch durchaus positiv: Es wollen noch viel mehr Menschen hören, was Sie zu sagen haben. Und das Interesse der Veranstalter ist so groß, dass sie Wert darauf legen, dass auch alle bequem sitzen und Ihre Präsentation gut verfolgen können. Was geht wohl dabei in den Zuhörern vor? Sicher ist es auch für sie erst einmal unbequem, noch einmal von dem gerade erst gefundenen Platz aufzustehen und sich nun einen neuen suchen zu müssen. Im neuen Raum angekommen, haben Sie nun die Wahl:

- Sie entschuldigen sich wortreich und fangen noch einmal von vorn an.
- Sie gehen gar nicht auf den Umzug ein und fangen ohne Kommentar noch einmal von vorn an.
- Sie überlegen während des Umzugs, welchen Bezug diese Störung zum Inhalt Ihres Vortrages haben könnte und starten damit neu. Vielleicht erwähnen Sie auch noch mit einem Lächeln, wie positiv sich Bewegung auf die Konzentrationsfähigkeit auswirkt ...

Was meinen Sie? Welches Vorgehen bringt Ihnen am meisten Pluspunkte bei den Zuhörern? Und hätten Sie diese Chance auf Pluspunkte auch gehabt, wenn es den Gegenwind in Form des Umzugs nicht gegeben hätte?

Einwände tun gut

»Das ist doch alles viel zu praxisfern!«
»Früher war alles besser!«
»Das ist doch illusorisch!«
»Wann sollen wir das denn noch machen?«
»Das schaffen wir nie!«
»Dafür haben wir kein Geld.«
»Ich glaube nicht, dass uns das weiterbringt.«

Aber ...

Ausgebremst! Und nun? Den meisten Menschen machen Einwände Angst. Sie befürchten, nicht schlagfertig genug zu sein und keine weiteren überzeugenden Argumente vorbringen zu können. Aber Einwände müssen keine Wand sein, an der Sie abprallen und sich eine blutige Nase holen. Im Gegenteil! Sie bekommen die Chance, noch erfolgreicher zu argumentieren.

Suchen Sie die Information, die in den Einwänden steckt, denn meistens hat Ihr Gegner gute Gründe für seinen Widerstand. Häufig handelt es sich dabei um Befürchtungen und Sorgen, denn Veränderungen und Neuerungen machen grundsätzlich Angst:

- Angst vor finanziellen Einbußen,
- Angst vor dem Verlust von Sicherheit,
- Angst vor Misserfolg,
- Angst vor Nutzlosigkeit,
- Angst vor Verschlechterung der derzeitigen Bedingungen,
- Angst, ein Zugeständnis könnte als Schwäche ausgelegt werden.

Aber auch Missverständnisse, Fehlinformationen oder Unwissen können Gründe dafür sein, dass nicht alles so glatt läuft, wie Sie sich das gedacht haben.

Bei der Suche nach den Hintergründen der Einwände zeigen Sie durch Ihre Fragen automatisch auch Interesse an Ihrem Gesprächspartner. Das wiederum macht Sie sympathisch. Ein Punkt für Sie!

Mit Interesse punkten

Konkrete Anwendungstipps

»Das ist doch alles viel zu praxisfern!«

Hören Sie aktiv zu, fassen Sie die Aussage Ihres Gesprächspartners mit eigenen Worten zusammen und gehen dann mit einem guten Argument darauf ein. Oder fragen Sie weiter, um noch genauer zu erfahren, welche Befürchtungen der andere hat.

Aktiv zuhören:
»Sie fragen sich, ob die Veränderung der Abläufe beim Kunden-Service auch wirklich im Tagesgeschäft umsetzbar ist? Das kann ich gut verstehen.«

Fortsetzung Variante 1:
»Ich kenne eine andere Abteilung/ein anderes Unternehmen, das bereits auf diese Art arbeitet. Was halten Sie davon, einmal dort zu fragen, wie es läuft?«

Fortsetzung Variante 2:
»Welche Punkte sind Ihrer Meinung nach nicht in die Praxis umzusetzen?«

Fortsetzung Variante 3:
»Was schlagen Sie vor, sollten wir tun, um das Konzept noch mehr auf die Praxis zuzuschneiden?«

Mit diesem Vorgehen zeigen Sie Verständnis für die geäußerte Befürchtung und beziehen Ihr Gegenüber in die Überlegungen ein. Daraus kann sich eine überaus lebhafte und fruchtbare Diskussion ergeben, die dazu führt, dass Ihr Konzept noch praxistauglicher wird und die Akzeptanz des anderen findet.

»Das ist doch illusorisch!«

Werten Sie diese abwertende Äußerung auf, nehmen Sie den Gesprächspartner ernst und beziehen Sie ihn in die Auflösung der Befürchtung mit ein.

»Sie kennen ja Ihren Bereich am besten. Wenn Sie meinen Vorschlag für illusorisch halten, dann nehme ich das sehr ernst. Was müsste Ihrer Meinung nach passieren, damit er umsetzbar ist? Welche Voraussetzungen müssen wir schaffen, um ihn umzusetzen?«

Ihre Fragen bringen den anderen dazu, lösungsorientiert mitzudenken – oder sie lassen ihn verstummen, weil er gar keinen echten Einwand hat. Vielleicht handelt es sich vielmehr um einen Vorwand, um zu verhindern, dass sich etwas verändert und damit unbequem wird.

Dann fragen Sie genauer:

»Welche Details, was genau halten Sie für illusorisch? Was steht Ihrer Meinung nach der erfolgreichen Umsetzung im Wege?«

Oder etwas unbequemer:

»Dass wir in dem Bereich etwas verändern müssen, um kostengünstiger zu arbeiten, ist klar. Haben Sie einen konkreten Vorschlag, wie wir dabei vorgehen können?«

Holen Sie den Nörgler aus seiner Komfortzone und fragen Sie immer weiter. Sie haben eine große Chance, ihn dazu zu bewegen, Vorschläge zu machen und mit Ihnen zu kooperieren. Oder zumindest ihn dazu zu bewegen, es einmal auf einen Versuch ankommen zu lassen.

»Wann sollen wir das denn noch machen?«

Hier äußert jemand eine ganz reale Befürchtung. Nämlich, dass die Arbeit ihm über den Kopf wächst. Zeigen Sie Verständnis und Akzeptanz, hören Sie aktiv zu.

»Ich finde Ihren Einwand berechtigt. Und ich finde es gut, dass Sie das jetzt fragen. Lassen Sie uns einmal gemeinsam überlegen, was wir tun können.«

Und jetzt folgen wieder Fragen. Nach Prioritäten. Danach, was man an andere delegieren könnte. Wie man sich Zeit verschaffen kann. Was man kurzfristig anders machen oder umorganisieren könnte.

Und schon wieder führt Ihre Reaktion auf die geäußerte Befürchtung dazu, dass sich der andere positiv an der Lösungsfindung beteiligt.

Kein »aber ...«

Bei der Behandlung von Einwänden gibt es ein Tabu, und das ist das Wörtchen »aber«. Wenn Sie mit »aber« kontern, ist die Gefahr groß, in der Diskussion ins Verderben zu laufen und einen Konflikt heraufzubeschwören. Denn wer »aber« sagt, wertet die vorangegangene Äußerung des anderen ab und stellt seine Meinung darüber. Das kann nur schiefgehen. Ein »aber« gibt das andere, der Ton wird schärfer und eine Lösung oder gar eine Einigung rückt in weite Ferne. Wenn Sie stattdessen Ihr Argument neben den Einwand des anderen stellen, kann eine partnerschaftliche Diskussion entstehen. Dafür setzen Sie einfach das Wörtchen »und« ein. Statt »Ganz schön schwer! – Aber dafür ist es auch robust und nicht so leicht zu verrücken« heißt es jetzt: »Und das macht es robust und standfest.« Bei dem Einwand »Das ist teuer« wird aus »aber die Qualität ist sehr gut« ein »und die Qualität ist hervorragend«.

Probieren Sie das mal aus. Sie werden erleben, wie sich manche schwierige und konfrontative Gespräche plötzlich in partnerschaftliche verwandeln.

Beim nächsten Mal, wenn jemand einen Einwand gegen Ihren Vorschlag vorbringt, widerstehen Sie dem Impuls, sich zu rechtfertigen oder noch nachdrücklicher Ihre Argumente zu formulieren. Überlegen Sie, warum Sie gerade diese Person mit Ihrem Vorschlag nicht erreicht haben. Fragen Sie sich und ihn, welcher Hinweis in dem Einwand steckt! Fragen Sie Ihren Gesprächspartner, was genau seine Befürchtungen sind und welche alternativen Ideen er hat, die zum Ziel führen könnten.

Nutzen Sie den Gegenwind als Chance, innezuhalten und Ihr Vorgehen neu zu überdenken. Dann geht es nachher mit noch mehr Schwung weiter!

Chancen nutzen

Gegenwind gibt Kraft! Als Hillary Clinton in den USA nach einem erbitterten Kampf um die Präsidentschaftskandidatur aufgab, zeigte sich der Gewinner Barack Obama dankbar. Er sei durch diese harte Konfrontation stärker geworden und damit gut gerüstet für den Wahlkampf.

FAZIT

- Gegenwind ist der Fahrtwind, der entsteht, wenn Sie sich schnell vorwärtsbewegen!
- Wer Hindernisse als Herausforderung ansieht und Widerstand als Steilvorlage betrachtet, hat gute Chancen, zu gewinnen.
- Hinter Einwänden stecken wichtige Informationen und Hinweise, die mit gezielten Fragen ans Licht kommen.
- Das kooperative »und« erreicht mehr als das konfrontative »aber«.
- Behalten Sie Ihr Ziel im Auge!
- »Hindernisse sind all die schrecklichen Dinge, die du siehst, wenn du das Ziel aus den Augen verlierst.« (Henry Ford)

5. Konflikte? Her damit!
Vom Nutzen klärender Gewitter

Was haben Konflikte mit beruflichem Erfolg zu tun? Ist es nicht eigentlich viel schöner, wenn alles glattläuft und es keinen Streit gibt? Was für ein Typ sind Sie: Fühlen Sie sich am wohlsten, wenn alles harmonisch ist und alle sich gut verstehen? Gehen Sie keiner Auseinandersetzung aus dem Weg? Forcieren Sie sie gar bewusst?

Konflikte sind ganz normal, wenn Menschen zusammen leben, arbeiten oder sich irgendwie begegnen. Denn es wird immer Situationen geben, in denen einer der Beteiligten sich unwohl fühlt, anderer Meinung ist oder Wünsche hat, die der andere nicht erfüllen kann oder will. Wer das unter den Teppich kehrt, riskiert viel. Denn aus unausgesprochenen und vermiedenen Konflikten können unangenehme Folgen wie psychosomatische Krankheiten oder Mobbing entstehen.

Wer in der Lage ist, konstruktiv mit Konflikten umzugehen, wird von anderen oft als klar, selbstsicher und souverän wahrgenommen. Wollen Sie nicht nur so wahrgenommen werden, sondern sich auch so fühlen? Dann heißt es ab sofort für Sie: »Konflikte? Her damit!«

Mein Interesse – Dein Interesse = Konflikt?

Wenn zwei dasselbe wollen ...

In Jürgens Firma gibt es eine Liste für die Belegung der Besprechungsräume. Jürgen hat den großen Raum für den Mittwochnachmittag reserviert. Am Morgen begegnet ihm Gabi, die Assistentin des Marketingchefs Sven auf dem Flur. »Ach übrigens, wir brauchen heute Nachmittag dringend den großen Besprechungsraum. Du kannst ihn heute nicht haben. Ist schon alles verplant.« »Was?!«

Jürgen ist entsetzt. »Ich habe den Raum letzte Woche reserviert. Und wir können unser Meeting auf keinen Fall verschieben.« »Wir auch nicht.« Gabi bleibt cool. Jürgen nicht: »Das ist ja unverschämt. Wo kommen wir denn hin, wenn hier alles nach Gutsherrenart einfach geändert wird! Du kannst ja nichts dafür, aber von Sven kennt man das ja schon, dass er keine Rücksicht auf andere nimmt. Was bildet der sich ein, hier einfach alle Regeln über den Haufen zu werfen! Die gelten schließlich für alle!« Gabi zuckt die Schultern. »Tut mir leid. Schau doch mal, ob du eine andere Lösung findest. Du wolltest den Raum doch sowieso nur für eine halbe Stunde. Da steht jedenfalls drin, dass du von 15.00 bis 15.30 Uhr reserviert hast. Und wir brauchen ihn von 14.00 bis 18.00 Uhr.« Jürgen schluckt. Er hat sich verschrieben. Bis 17.00 Uhr soll seine Besprechung dauern.

Grollend und mit viel Mühe gelingt es ihm, einen anderen Raum zu finden. Die Wut auf den Marketingchef bleibt. Und es kommt noch dicker.

... und was daraus werden kann

Am nächsten Morgen findet er eine E-Mail von Sven vor. Ohne Anrede geht es los: »Ich verlange, dass Du Dich bei Gabi entschuldigst. Und wenn Du ein Problem mit mir hast, dann sprich mich gefälligst selbst an, bevor Du anderen gegenüber negative Bemerkungen über mich machst. Wenn Du Dich nicht entschuldigst, dann werde ich unserer Chefin davon berichten. Den Gruß erspare ich mir hier.« Jürgen tobt.

Ein dicker Konflikt, an dem gleich mehrere Personen beteiligt sind. Bleiben wir bei Jürgen. Wie könnte er weiter vorgehen? Zu welchem Verhalten würden Sie ihm raten? Schauen wir uns mal die verschiedenen Alternativen und ihre möglichen Folgen an.

1) Er lässt alles auf sich beruhen und schluckt den Ärger herunter.

Die Mail von Sven macht Jürgen ärgerlich. Aber mehr als das macht sie ihm Angst. Er befürchtet, dass er in einer Auseinandersetzung mit dem selbstbewussten Sven unterliegen könnte. Er fürchtet persönliche Angriffe, vor denen er sich nicht schützen kann. »Ich habe ja auch ein bisschen selbst Schuld. Hätte ich die richtige Zeitspanne eingetragen, wäre das alles vielleicht gar nicht passiert.« Lieber nichts sagen und Gras über die Sache wachsen lassen. Mit Sven ist sowieso nicht gut Kirschen essen. Ich bin einfach das nächste Mal supernett zu ihm und denke, dass wir dann auch wieder ganz gut zurechtkommen.

Ich tue dir nichts. Tu du mir auch nichts!

Verdrängter Ärger schwelt unter der Oberfläche weiter. Die Vermeidungshaltung führt dazu, dass eine Lösung des Konflikts immer schwieriger wird. Und irgendwann wird es wieder einen Ausbruch geben.

2) Er schickt eine Antwort an Sven, in der er sich über die unhöfliche Form der E-Mail beschwert und noch einmal deutlich macht, dass er nicht akzeptieren kann, wenn ihm einfach ein reservierter Besprechungsraum weggenommen wird.

»Hallo Sven,
im Gegensatz zu Dir will ich die Gesetze der Höflichkeit wahren und beginne diese Mail darum auch mit einem Gruß. Du verlangst von mir, dass ich mich bei Gabi entschuldige? Ist es nicht eher so, dass Ihr Euch bei mir entschuldigen müsst? Schließlich habt Ihr Euch einfach darüber hinweggesetzt, dass ich den Raum reserviert hatte. Das Mindeste wäre doch gewesen, mich zu fragen …«

Messer wetzen und los …

Der Kampf wird aufgenommen und wahrscheinlich werden beide bei ihren Positionen bleiben. Jeder hat Recht und wird darauf bestehen, dass der andere Unrecht hat. Eine unendliche Geschichte …

3) Er zeigt die E-Mail seiner Chefin, schildert ihr den Vorfall und erzählt von anderen Beispielen rücksichtslosen Verhaltens von Sven.

»Sven hat schon öfter Absprachen nicht eingehalten. Zum Beispiel im letzten Monat. Da hatten wir abgesprochen, dass er mir die Monatsstatistik zur Verfügung stellt. Und dann erfahre ich von seinen Mitarbeitern, dass er gesagt hat, das sei nicht so wichtig. Ich könne ruhig noch warten. Das geht doch nicht! Kannst du nicht mal mit ihm sprechen? Immerhin wollen wir doch alle gut zusammenarbeiten. Und wenn dann einer nicht teamfähig ist ...«

Wenn noch ein Dritter als Verbündeter geworben wird, kann das den Konflikt zusätzlich eskalieren lassen. Wenn die Vorgesetzte zum Beispiel Jürgen recht gibt und Sven zurechtweist, wird Sven alles tun, um sich seinerseits an Jürgen zu rächen. Jürgen hat vielleicht kurzfristig Erfolg gehabt. Langfristig kann aber auch der Anschein entstehen, dass er nicht in der Lage ist, sich selbst zu verteidigen. Nach dem Motto: Der rennt immer gleich zur Chefin. Wie viel Respekt genießt wohl so ein Kollege?

4) Er entschuldigt sich – zähneknirschend – bei Gabi und vermeidet jede weitere Begegnung mit Sven. Wenn Zusammenarbeit sich nicht vermeiden lässt, reagiert er reserviert und wenig kooperativ.

»Sven hat mir gesagt, dass du meine Reaktion auf eure Aktion mit dem Raum nicht gut fandest. Er meinte, ich solle mich bei dir entschuldigen. Okay. Es tut mir leid, wenn ich etwas heftig reagiert habe. Aber ich war wirklich sauer.«

Der Klügere gibt nach? Das Überlegenheitsgefühl ist nur von kurzer Dauer, schnell wird der verdrängte Groll wieder aktiv werden und der Reiz, zum Gegenschlag auszuholen bleibt nicht aus.

So geht's jedenfalls nicht!

Die innere Haltung bei Konflikten und mögliche Folgen

Vermeiden	⇒	Lösung wird immer schwieriger
Durchsetzen	⇒	Revanche, Retourkutsche
Komplizen werben	⇒	Eigenabwertung, Eskalation, Revanche
Nachgeben	⇒	Moralische Überlegenheit, Revanche

Angst vor Konflikten?

Das klingt alles nicht besonders ermutigend, denken Sie? Kein Wunder, dass viele Menschen versuchen, Konflikten aus dem Weg zu gehen! Und was ist die Alternative? Seine Interessen nicht zu vertreten? Den Kopf in den Sand stecken? Da muss ich Sie enttäuschen. Ein nicht angepackter Konflikt tut niemandem wirklich gut und bedeutet im besten Fall Stillstand und im schlimmsten Fall Leid.

Klar können Konflikte erst einmal Angst auslösen. Wie bei einer kriegerischen Auseinandersetzung wecken sie die Befürchtung, die ein Seminarteilnehmer einmal so formulierte: »Am Ende bin ich platt und tot.« Und wer will schon Verlierer sein? Wenn man den Gegner für stärker hält, scheint Flucht durch Nachgeben oder Vermeiden die beste Lösung zu sein. Wer sich allerdings stark fühlt, kann dagegenhalten und befindet sich damit bereits mitten im Kampfgetümmel. Da werden eigene Positionen klargemacht und verteidigt, während der gegnerische Standpunkt abgewertet oder lächerlich gemacht wird. Wenn gar nichts mehr geht, kann man ja auch noch die Sachebene verlassen und die Waffe des persönlichen Angriffs ziehen.

Egal, wie Sie selbst sich verhalten: Schnell haben Sie den Ruf, harmoniesüchtig oder streitsüchtig zu sein. Beides ist nicht besonders erstrebenswert.

Stark ohne Waffen

Die Angst vor Konflikten können Sie am besten besiegen, indem Sie sich auf Ihre Stärke besinnen. Das ist nicht unbedingt die Stärke Ihrer Position und Ihrer Argumente. Auch nicht die Stärke Ihrer Verbündeten in der Firma oder Ihre Beliebtheit beim Chef. Ich spreche von der Stärke Ihres Konfliktverhaltens. Vertreten Sie Ihre Interessen, ohne den anderen abzuwerten. Im Gegenzug können Sie damit rechnen, selbst nicht beschädigt zu werden. Im Gegenteil: Möglicherweise ernten Sie mit der Zeit eine Menge Anerkennung für Ihr kooperatives Verhalten.

So weit, so gut. Ich kann gut verstehen, wenn Sie jetzt denken: »Die hat gut reden. Wenn es dann so weit ist, ziehe ich mich doch lieber zurück. Wer garantiert mir denn, dass der andere mich nicht doch plattmacht?« Stimmt. Garantien gibt es nicht. Aber Chancen, es auszuprobieren und zu erfahren, dass es immer öfter funktioniert. Das ist wie beim Sprung ins kalte Wasser. Erst traut man sich nicht, dann ist es fürchterlich kalt und nachdem man erst einmal eingetaucht ist, fühlt es sich nach und nach angenehmer an. Sind Sie bereit, es zu versuchen? Dann erfahren Sie jetzt etwas über das Freischwimmen im eisigen Konfliktwasser.

Interesse + Interesse = Gewinn!

Erste Voraussetzung, sich dabei wohlzufühlen, ist eine positive Einstellung. Wasserscheu überwindet man, indem man sich davon überzeugt, dass das Wasser trägt. Auf Konflikte übertragen bedeutet das: Erkennen Sie, dass Konflikte nützlich und sinnvoll sind und Sie nicht untergehen werden, wenn Sie sich in den Konflikt hineinwagen. Kooperativ bearbeitete Konflikte schaffen Klarheit über Positionen und Interessen. Sie schaffen die Basis für neue Ideen und kreative Lösungen. Sie verhindern Stillstand, bringen Bewegung in verhärtete Fronten und sorgen dafür, dass es weitergeht. Denn mithilfe eines konstruktiv verarbeiteten Konflikts kann Neues entstehen. Und das birgt eine große Chance: Beide Parteien sind zufrieden. Kurz: Sie werden gewinnen, wenn beide gewinnen.

»Liebe ist nach dem Streit am schönsten!«

Mit Konflikten leben – konstruktiv!

Die Veränderung des Verhaltens beginnt im Kopf. Betrachten Sie den Konfliktgegner nicht als Feind, sondern als Partner, der ebenso wie Sie ein Anliegen hat. Wenn Sie den anderen wertschätzen, können Sie ihn auch anders behandeln. Abwertung führt zu Gegenabwertung. Erkennen Sie die Interessen des anderen an. Sie sind ebenso berechtigt und wertvoll wie Ihre. Erst wenn zwei sich partnerschaftlich begegnen, kann eine gute Lösung gefunden werden. Verändern Sie das Ziel im Konflikt von »Gewinnen um jeden Preis« oder »Harmonie um jeden Preis« in »Kompromisse suchen« und »Lösungen finden«.

Die Energie eines Konflikts wird dann zu einer positiven Kraft, wenn sie zukunftsgerichtet ist. Schmutzige Wäsche waschen, Rechtfertigungen austauschen, Gründe und Ursachen suchen: Das alles bringt nicht wirklich voran.

Ihr Konflikt-Werkzeugkasten

Wer mit souveränem Konfliktverhalten positiv auffallen möchte, braucht professionelles Werkzeug.

Die Art, wie Sie kommunizieren, kann vom anderen als wertschätzend oder abwertend empfunden werden. Auf Abwertung reagiert fast jeder mit Verteidigung oder Gegenangriff oder flüchtet in die Schmollecke. Das führt im Konflikt zur Eskalation oder Verhärtung der Fronten. Wertschätzend verhalten Sie sich, wenn Sie sich für den anderen interessieren und ihn nicht angreifen – das ist gar nicht so einfach. Gut, dass es ein paar Gesprächstechniken gibt, die Ihnen den Einstieg in konstruktives Konfliktverhalten erleichtern.

1. Zeigen Sie Interesse

Ich interessiere mich für dich

Das A und O der Kommunikation sind Fragen und gutes Zuhören, nicht nur in Konflikten. Fragen Sie nach Bedürfnissen, Wünschen, Interessen und Hintergründen, jedoch nicht mit Unterstellungen, sondern mit echtem Interesse. Das sollten Sie auch haben. Denn je mehr Sie erfahren, umso leichter fällt es später, eine Lösung zu finden. Dazu eignen sich besonders gut offene Fragen, die Ihrem Gesprächspartner Raum geben, sich frei zu äußern. Sie beginnen immer mit einem Fragewort: Was, wo, wer, womit, wozu, wann, mit wem und wie sind ungemein nützlich im Konfliktgespräch. Nur eine Frage sollten Sie vermeiden: Warum. Die Warum-Frage kann leicht angriffslustig wirken und reizt zur Rechtfertigung. Wer sich rechtfertigt, fühlt sich schnell unterlegen und nimmt den Kampf wieder auf. Wenn Sie nach Ursachen fragen, dann empfehle ich Formulierungen wie: Was ist der Grund ..., was ist die Ursache ..., wie kommt es, dass ...? Damit zeigen Sie ehrliches Interesse am anderen und seinen Motiven.

Fragen im Konflikt:

- Welche Interessen hat der andere, worum geht es ihm?
- Was sind seine Ziele?
- Welche Bedürfnisse und Wünsche hat er?
- Welche Alternativen sieht er?
- Was stört ihn (sachlich und emotional)?
- Was fürchtet er möglicherweise?

2. Verhindern Sie Missverständnisse

Scheuen Sie sich nicht nachzufragen, wenn Sie etwas nicht verstanden haben. Vor allem ist es wichtig, Begriffe zu klären. Denn oft entstehen Missverständnisse, weil zwei zwar das Gleiche sagen, aber ganz unterschiedliche Dinge damit meinen.

Hier ist eine Auswahl von Begriffen, die häufig zu Missverständnissen führen:

groß	klein	viel
wenig	schnell	langsam
dringend	freundlich	höflich
sorgfältig	einfach	schwer
bequem	schön	effizient
effektiv	ordentlich	sauber
praktisch	zuvorkommend	jung
alt		

Wundern Sie sich jetzt? Das sind doch alles Begriffe, mit denen wir täglich umgehen – und jeder hat seine ganz persönliche Interpretation von ihnen. Für den einen ist es Ordnung, wenn er seine Stapel auf dem Schreibtisch gerade ausrichtet, für den anderen heißt es, dass der Schreibtisch bis auf den aktuellen Vorgang leer ist. Für die eine heißt schnell »sofort« und für die andere »so schnell wie möglich«. Gehen Sie auf Nummer sicher und klären Sie die Bedeutung, die solche Ausdrücke für jeden von Ihnen haben.

Missverständnisse? Nein danke!

Nachfragen:

- Was meinst du mit ...?
- Was verstehst du unter ...?
- Meinst du ...?
- Du möchtest also ...?

3. Hören Sie aufmerksam zu

Gute Zuhörer gelten als sympathisch. So sammeln Sie auch außerhalb von Auseinandersetzungen Pluspunkte. Es reicht allerdings nicht, den anderen einfach nur ausreden zu lassen. Gutes Zuhören ist ein aktiver Vorgang und beginnt mit der Körpersprache: Wenden Sie sich dem Partner mit dem ganzen Körper zu. Suchen Sie Blickkontakt und gehen Sie auch mit Ihrer Gestik und Mimik mit, wenn der andere erzählt. Nicken Sie, schütteln Sie den Kopf, lächeln Sie, schauen Sie fragend, verständnisvoll und mitfühlend. Bei Ihrer besten Freundin, Ihrem Freund, den Kindern fällt Ihnen das wahrscheinlich nicht schwer – dann gibt es keinen Grund, es nicht auch im Beruf zu tun. Mit einem gelegentlichen verstehenden »Hm«, »Ah so« oder »Ja« signalisieren Sie ebenfalls Aufmerksamkeit.

Ich will dich verstehen

4. Sprechen Sie Probleme wertschätzend an

Das ist für die meisten die größte Herausforderung. Gerade, wenn wir uns über jemanden ärgern, fällt es schwer, nicht anklagend zu sein. Möglicherweise haben Sie das auch schon erlebt: Sie haben sich entschlossen, das Problem anzusprechen, und mussten feststellen, dass der andere sich verteidigte, rechtfertigte oder zum Gegenangriff überging. Dabei waren Sie doch ganz ruhig und freundlich!
Erinnern Sie sich noch an den Fall von Jürgen und Sven?

Der maskierte Angriff

Jürgen will es noch einmal im Guten versuchen und spricht Sven direkt an: »Hallo Sven, ich verstehe gar nicht, warum du so hart reagierst. Du verlangst von mir, dass ich mich bei Gabi entschuldige. Dabei habt ihr mich doch einfach aus dem Besprechungsraum geschmissen. Gut, ich gebe zu: Mein Fehler war, dass ich eine falsche Zeitspanne eingegeben habe. Aber das ändert doch nichts daran, dass ich reserviert hatte. Dann fragt man doch erst, bevor man daran etwas ändert! Du warst wahrscheinlich unter Druck und hast da wohl etwas unüberlegt gehandelt. Also, lass uns das mal vergessen und das nächste Mal klären wir das anders. Okay?« Jürgen findet sich richtig verständnisvoll und ist zufrieden, dass er noch mal seinen Standpunkt klargemacht hat. Komisch nur, dass Sven ganz unerwartet reagiert: »Sag mal, spinnst du? Du hast meine Mitarbeiterin angemacht und unterstellst mir, ich sei unsozial. Das ist doch keine Art! Meinst du, ich lasse das jetzt alles so auf sich beruhen?«

Was ist denn da passiert? Jürgen hat das Gespräch gesucht, sogar seinen Fehler zugegeben und trotzdem geht der Streit weiter?

Ja, denn er hat – vielleicht ohne es zu wollen – Sven angegriffen.

Und hier sind die verbalen Übeltäter:

- Du hast hart reagiert!
- Du verlangst von mir, ...
- Ihr habt mich rausgeschmissen!
- Du hast unüberlegt gehandelt!

Kein Wunder, dass Sven sich wehren muss.

- Du spinnst.
- Du hast meine Mitarbeiterin angemacht!
- Du unterstellst mir, ...

Ruhig und freundlich zu bleiben reicht nicht. Wenn Sie zu einer versöhnlichen Einigung kommen wollen, brauchen Sie etwas mehr: Mehr Aufmerksamkeit für die Gefühle des anderen und mehr Konzentration auf Ihre eigene Art zu kommunizieren.

Probleme wertschätzend ansprechen

Und so sprechen Sie Probleme an, ohne den anderen zu verletzen oder ihm das Gefühl zu geben, sich verteidigen zu müssen:

- Schildern Sie Ihre Beobachtung, *ohne* zu urteilen. Was genau ist passiert?
  Beispiel:
  Nicht: Du bist viel zu spät gekommen.
  Sondern: Heute bist du um Viertel nach neun gekommen.
- Weisen Sie auf die emotionale und/oder sachliche Wirkung hin, schildern Sie die Bedeutung und mögliche Folgen.
  Beispiele:
  Ich bin enttäuscht (ärgerlich, irritiert), weil wir doch verabredet hatten, dass wir pünktlich anfangen wollten.

Wir anderen mussten in dieser Zeit für dich mitarbeiten. Da ich immer erst gehen kann, wenn du da bist, komme ich zu spät zum Kindergarten, um meine Tochter abzuholen. Das macht mir wirklich Stress!

- Nennen Sie Ihren Wunsch, Ihr Anliegen, Ihre Erwartung für die Zukunft.
  Beispiele:
  Bitte sei so nett und komm' in Zukunft zur verabredeten Zeit.
  Ich bitte dich, in Zukunft pünktlich zu kommen.
  Ich erwarte, dass du unsere Vereinbarungen einhältst.

Auf diese Art äußern Sie Kritik, ohne den anderen persönlich anzugreifen. Das klingt für Sie erst einmal sehr ungewohnt? Sie finden das schwierig? Stimmt. Einfach ist es nicht, sich so kontrolliert zu verhalten. Und es lohnt sich! Probieren Sie es gleich mal aus. Gelegenheit dafür gibt es täglich unendlich viele:

Der Kollege hat versäumt, Kopierpapier nachzulegen.

Beobachtung ______________________________

Wirkung ______________________________

Wunsch ______________________________

Die Kollegin hat sich einen Tag frei genommen, obwohl viel Arbeit zu erledigen ist.

Beobachtung ______________________________

Wirkung ______________________________

Wunsch ______________________________

Die Chefin hat vergessen, Ihnen rechtzeitig eine wichtige Information zu geben, die Sie brauchen, um Ihre Aufgabe gut zu erledigen.

Beobachtung ____

Wirkung ____

Wunsch ____

Ihr Chef spricht über eine gute Projektarbeit, erwähnt anerkennend den großen Einsatz Ihrer Kollegin und vergisst Sie – dabei sind Sie ebenso daran beteiligt und verantwortlich wie diese.

Beobachtung ____

Wirkung ____

Wunsch ____

Genug geübt? Dann kommen wir noch einmal zurück zu Sven und Jürgen. Svens erste Mail könnte auch so lauten:

> Hallo Jürgen,
> gerade war Gabi bei mir und hat mir berichtet, dass es Überschneidungen bei der Raumbelegung gibt. Sie war ziemlich aufgeregt und ärgerlich über Deine Reaktion und ich hatte Mühe, sie wieder zu beruhigen. Ich möchte vermeiden, dass es zu einer dauerhaften Störung unserer Zusammenarbeit kommt. Können wir uns morgen kurz treffen, um darüber zu sprechen, wie Du diese Situation erlebt hast?
> Viele Grüße
> Sven

Möglicherweise hätte Jürgen dann weniger heftig reagiert. Doch auch für seine Antwort auf Svens beleidigende Mail gibt es eine deeskalierende Alternative:

> Hallo Sven,
> ich bin erschrocken, welche Auswirkungen mein Ärger von gestern hat. Als ich erfahren habe, dass der Raum besetzt ist, war ich perplex und auch ratlos, weil ich nicht so schnell eine Lösung finden konnte. Und

über meinen Fehler habe ich mich natürlich auch geärgert. Es tut mir leid, wenn Gabi sich von mir angegriffen gefühlt hat. Ich bringe das wieder in Ordnung.
In unserer Zusammenarbeit gibt es in letzter Zeit öfter Störungen und Missverständnisse. Das führt dann schnell zu Situationen, wie wir sie jetzt erleben, oder dazu, dass das direkte Gespräch immer schwieriger wird. Mir ist es wichtig, wieder eine kooperative Basis mit Dir zu finden. Was hältst Du davon, wenn wir uns in den nächsten Tagen einmal treffen, vielleicht auch zum Abendessen, um unsere Differenzen zu besprechen und zu vereinbaren, wie wir in Zukunft wieder besser zusammenarbeiten können?
Viele Grüße
Jürgen

Mit gutem Konfliktverhalten positiv auffallen

Zu Streit kann es immer wieder kommen. In der Regel geht es im Berufsleben dabei um Sachfragen. Bleiben Sie also bei der Sache, vermeiden Sie persönliche Angriffe und widerstehen Sie der Versuchung, Kollegen persönlich bloßzustellen. Giftige Schnellschüsse, sei es per E-Mail oder im direkten Gespräch, tun vielleicht kurzfristig gut, schaden Ihnen aber langfristig. Denn schnell haben Sie den Ruf, impulsiv und unsachlich oder unüberlegt zu reagieren. Das Vier-Augen-Gespräch ist immer eine gute Lösung. Am besten klappt es, nachdem Sie sich etwas abgekühlt haben. Dabei hilft es, eine Nacht über die Auseinandersetzung zu schlafen. Oder, wenn Sie nicht so lange warten können, einen Spaziergang um den Block zu machen. Dann können Sie eher mit Distanz, kontrolliert und ruhig agieren. So sind Sie souverän und zeigen sich sozial kompetent. Eine gute Empfehlung für Ihre Karriere.

FAZIT

- Wenn Sie mit etwas unzufrieden sind, sprechen Sie es an. Das zeigt, dass Sie sich Gedanken machen und lösungsorientiert arbeiten.
- Missverständnisse sind häufig Anlässe für Konflikte. Sorgen Sie dafür, dass sie gar nicht erst entstehen.
- Trennen Sie Beobachtung und Bewertung, wenn Sie Probleme ansprechen.
- Hören Sie nicht nur auf die Worte, sondern auch auf die Bedeutung und die Anliegen, die sich dahinter verbergen.
- Behandeln Sie den anderen so, wie Sie selbst behandelt werden möchten: mit Wertschätzung.
- Sorgen Sie dafür, dass Sie wieder einen kühlen Kopf bekommen, bevor Sie reagieren.

6. Ganz schön kess!

Wie Schlagfertigkeit auch ohne Schläge das Image stärkt

Auch Menschen, die sonst nicht auf den Mund gefallen sind, kennen diese Situation: Die genial schlagfertige Antwort auf den dummen Spruch eines Kollegen fällt uns auf der Heimfahrt im Bus ein. Zu spät: Denn die Bemerkung fiel schon am Vormittag und wir waren zu perplex, um souverän zu reagieren. Zum Schwarzärgern! Warum fällt uns das jetzt erst ein?!

Fast jeder wäre gern schlagfertig: Immer einen flotten Spruch parat haben, witzig, ironisch und unangreifbar sein, wenn man angemacht oder ungerecht kritisiert wird, nie wieder hilflos nach Worten suchen – wer will das nicht!

Aber Vorsicht – Schlagfertigkeit führt nicht zwangsläufig zu Erfolg oder gar Beliebtheit. Entscheidend ist die Haltung, die der Schlagfertigkeit zugrunde liegt. Immerhin heißt es ja: »fertig zum Schlag«. Oder zum Gegenschlag. Und darin liegt auch eine Gefahr: Denn wer um jeden Preis verbal zurückschlägt, hat am Ende nicht unbedingt gewonnen. Witz und Geist gehören dazu, wenn Sie sich darauf einlassen. Auf keinen Fall sollte Schlagfertigkeit mit Verbissenheit oder Rechthaberei einhergehen. Sonst kann es leicht zu einem Schlagabtausch kommen, der nicht besonders konstruktiv ist. Bleiben Sie in gutem Kontakt mit Ihrem Gesprächspartner. Angriff ist nicht die beste Verteidigung. Manchmal ist es auch ratsam, lieber auf Schlagfertigkeit zu verzichten, um zu verhindern, dass sich Konflikte zuspitzen. Denn mit Schlagfertigkeit kann man sich auch Feinde machen. Souverän reagieren oder Grenzen setzen, ohne Konflikte zu produzieren und ohne sich in einen Kampf zu begeben: Das ist die große Kunst.

Im Team ist Mario bekannt und gefürchtet wegen seiner flotten Sprüche. Nach dem Motto: »Lieber einen Freund verlieren als auf einen guten Spruch verzichten« startet er immer wieder ironische und mitunter auch verletzende verbale Attacken. Da kommt es vor, dass die Kollegen sprachlos sind, wie etwa Bettina, die zu hören bekommt: »Nur weil du in den Wechseljahren bist, musst du uns doch nicht so anzicken.« Bettina ist sprachlos. Und Mario grinst Beifall heischend in die Runde.

Lieber einen Freund verlieren als auf einen guten Spruch verzichten?

Das ist ein frontaler Angriff. Und den meisten Menschen fällt es schwer, darauf blitzschnell zu reagieren. Besonders schwer wiegt die Tatsache, dass die Attacke vor Publikum stattgefunden hat.

Bettina entgegnet verletzt und wütend: »Das ist unverschämt! Was gehen dich meine Wechseljahre an! So was lasse ich mir nicht bieten. Mal sehen, was die Frauenbeauftragte dazu sagt«, und verlässt das Büro.

Eine verständliche Reaktion, meinen Sie? Verständlich und doch unklug, denn dadurch wird die Situation noch verschärft. Und Bettina begibt sich in eine Opferrolle, indem sie fremde Hilfe sucht. Mario gewinnt und bekommt außerdem Steilvorlagen für weitere Angriffe.

»Na Bettina, ich habe hier einen kleinen Fehler entdeckt. Kann ich dir das jetzt so sagen oder brauchst du dafür Unterstützung von der Frauenbeauftragten?« Wieder landet Mario einen Volltreffer. Bettina fühlt sich immer unglücklicher. Was ist denn bloß passiert? Sie hat sich doch nur gewehrt!

Dumme Sprüche bekommen oft gerade diejenigen zu hören, die sich entweder nicht wehren können oder sich mühsam und humorlos in Rechtfertigungen oder Gegenangriffe flüchten. Dann reibt sich der Sprücheklopfer die Hände. Wenn Sie herumzappeln oder sich auf das Spiel einlassen, hat er gesiegt. Er fühlt sich als der Stärkere und genießt seine Wirkung. Wenn es Ihnen gelingt, ihm dieses Gefühl zu verwehren, dann hört er irgendwann auf, Sie als Zielscheibe zu benutzen.

Selbstverteidigung durch Selbstvertrauen

Selbstsicherheit ist ein gutes Mittel, um Angreifer zum Verstummen zu bringen. Doch das ist leichter gesagt als getan, denn es ist nicht immer leicht, selbstsicher aufzutreten, wenn man angegriffen wird oder sich angegriffen fühlt. Erwiesen ist jedoch, dass Opferverhalten den potenziellen Angreifer besonders dazu reizt, anzugreifen. Denn von unsicheren oder schwach wirkenden Gegnern muss er keine Gegenwehr erwarten.

Haben Sie schon einmal einen Selbstverteidigungskurs gemacht? Da geht es ja auch darum, sich gegen Angriffe zur Wehr zu setzen. Der Kurs, den ich vor Jahren besuchte, begann damit, dass jeder Teilnehmer ein Holzbrett durchschlagen sollte. Mit der Handkante! Wenn mir vorher einer gesagt hätte, dass ich das jemals tun würde, hätte ich abgewinkt. Es ist eine Frage der Technik und des Vertrauens, und noch heute bin ich stolz darauf, dass ich es geschafft habe! Dann lernten wir, Schläge zu parieren und Tritte auszuteilen, ohne zu straucheln. Und gerade zu gehen, laut zu schreien und dem anderen ins Gesicht zu sehen. Mit diesem Verhalten signalisieren wir, dass wir keine leichte Beute für den Angreifer sind.

Selbstverteidigung

Was bedeutet das nun für die Reaktion auf verbale Angriffe? Zunächst gilt es, die richtige Technik zu lernen und den Mut zu haben, sie auch anzuwenden. Haben Sie sie dann zum ersten Mal erfolgreich eingesetzt, werden Sie schon ein wenig selbstsicherer sein. Das motiviert zur Wiederholung und zum Weiterüben. Wer erfahren hat, dass er sich wehren kann, vermittelt das unbewusst auch durch seine Körperhaltung. Wenn also eine souveräne und selbstsichere Körperhaltung dazu kommt, sind Sie fit für den Umgang mit sprachlichen Fechtübungen.

Raus aus der Opferrolle

Woran erkennen Sie, dass Sie sich womöglich unbewusst wie ein potenzielles Opfer verhalten? Und wie sieht die mögliche Alternative aus?

Überall, wo Menschen zusammentreffen, klären sie durch ihr Auftreten verbal und körpersprachlich die aktuelle Rangfolge im Verhältnis zueinander. Sehr anschaulich sind dafür die Begriffe Hochstatus und Tiefstatus, die aus dem Theaterumfeld stammen. Sie bezeichnen den durch Körpersprache und Auftreten dargestellten »sozialen Status« einer Person.

Den Status klarmachen

Achten Sie auch beim nächsten Theater- oder Kinobesuch einmal bewusst darauf, wie die Personen zuerst auftreten. Selbst wenn noch kein Wort gesprochen wurde, ist dafür gesorgt, dass Sie sich ein Bild vom Status der handelnden Person machen. Ist er ein Gewinner? Ist sie die starke Mutter oder das Heimchen am Herd?

So zeigen sich Menschen im Tiefstatus:	Und so zeigen sich Menschen im Hochstatus:
Geduckte Körperhaltung	Aufrechter Gang, straffe Körperhaltung, guter Bodenkontakt
Leise Stimme, eher hohe Stimmlage	Normal lautes Sprechen, eher tiefe Stimmlage
Gesenkter, ausweichender Blick	Blick, eher geradeaus oder nach oben
Rasches Abwenden des Blickes, vermeiden von (längerem) Blickkontakt, unsteter Blick	Blickkontakt mit anderen, ohne den Blick abzuwenden
Arme und Beine möglichst eng am Körper	Nimm Raum ein, benutzt raumgreifende Gesten
Macht sofort Platz, wenn jemand kommt	Weicht nicht aus, wenn jemand kommt
Fahrige, unsichere Bewegungen	Zielgerichtete, langsame Bewegungen
Höflich, lieb, pflegeleicht (»Ich will es doch nur allen Recht machen!«), Beschwichtigungslächeln	Widerspricht und sagt auch mal Nein. Lächeln ist freundlich, nicht unterwürfig
Häufiges Berühren des eigenen Körpers (z.B. durch die Haare streichen, die Brille auf- und absetzen)	Berühren des Gesprächspartners (Hand am Unterarm oder auf der Schulter)
Geneigter Kopf, schnelle Bewegungen mit dem Kopf	Kopf wird beim Sprechen still und gerade gehalten
Viele unnötige Entschuldigungen	Klare Aussagen

Im Selbstverteidigungskurs lernt man den aufrechten Gang. Und dass es wichtig ist, in der Mitte des Bürgersteiges zu gehen. Genau so bewegt man sich im Hochstatus. Denn wer im Tiefstatus an den Hauswänden entlangläuft oder gar die Straßenseite wechselt, vermittelt eine Unsicherheit, die einen potenziellen Angreifer ermutigen kann.

Was bedeutet das für Ihre Schlagfertigkeit? Nun, es reicht oft schon, wenn Sie standfest in die Augen des Gegenübers blicken. In Bettinas Fall könnte das so aussehen:

Selbstbewusste Zurückweisung

»Nur weil du in den Wechseljahren bist, musst du uns doch nicht so anzicken.« Bettina atmet einmal tief durch, steht auf und wendet sich Mario zu. Da er noch an seinem Schreibtisch sitzt, blickt sie ihm von oben mit ernstem Gesicht in die Augen und entgegnet langsam und mit ruhiger Stimme: »Das war eindeutig unter der Gürtellinie, Mario, und ich erwarte, dass du dich entschuldigst.« Bettina schaut ihn weiter ernst an, wendet sich ruhig ab und setzt sich wieder an ihren Schreibtisch.

Mit dieser Reaktion verschafft sie sich Respekt, auch bei den anwesenden Kollegen. Damit es auch wirklich klappt und im Hochstatus beim anderen ankommt, ist es wichtig, dass Sie weiter atmen. In Schocksituationen halten wir oft unbewusst die Luft an oder atmen schneller. Und dadurch geraten wir leicht in ein Tiefstatusverhalten. Also: ruhig weiteratmen!

Üben Sie den Hochstatus und das Weiteratmen überall, wo Sie können. Denken Sie daran, dass Sie damit Selbstbewusstsein und Sicherheit speichern, so, als würden Sie jedes Mal ein Brett mit der Handkante durchschlagen. Ihre Ausstrahlung wird sich ändern und Sie werden merken, dass Sie nicht mehr so oft mit dummen Sprüchen belästigt werden.

Hier ein paar mögliche Übungsfelder:

- Auf dem Bürgersteig blicken Sie die Entgegenkommenden an und gehen geradeaus weiter. Sie werden sich wundern, wie selten Sie noch ausweichen müssen.
- Schauen Sie Menschen direkt an, ohne den Blick abzuwenden. Der Trick dabei ist, den Punkt zwischen den Augen zu fixieren.
- Nehmen Sie Platz ein: die Armlehne im Flugzeug, Platz für Ihre Unterlagen auf dem Besprechungstisch. Und rücken Sie nicht beiseite. Es sei denn, Sie werden nett darum gebeten und der Grund überzeugt Sie.
- Wenn jemand sich in der Warteschlange ohne zu fragen vordrängelt, schauen Sie ihm oder ihr gerade in die Augen und sagen: »Bitte stellen Sie sich hinten an.«
- Nehmen Sie die Hände aus der vertrauten Haarsträhne. Ja, jetzt auch!

Der innere Nichtangriffspakt

Die Kunst bei dieser Haltung besteht darin, sich nicht angegriffen zu fühlen, selbst wenn die Bemerkung des anderen wie ein Vorwurf klingt. Wer immer sofort einen bewussten Angriff unterstellt, läuft Gefahr, mit seiner schlagfertigen Reaktion plötzlich seinerseits zum Aggressor zu werden und damit mutwillig für schlechte Stimmung zu sorgen. Geben Sie lieber dem anderen die Gelegenheit, sich zu erklären oder elegant aus der Situation auszusteigen. Für das Arbeitsklima ist das nur von Vorteil!

Dabei hilft es, sich bewusst zu machen, was in so einem Moment beim anderen abläuft. Nehmen wir mal an, die Wechseljahr-Bemerkung wäre nicht von dem schon als boshaft bekannten Mario, sondern von der »unbescholtenen« Kollegin Lisa gekommen.

Worum es wirklich geht

Worum geht es?	Es gab gerade eine Auseinandersetzung. Oder Bettina reagiert an diesem Tag eher wortkarg und abweisend.
Was soll sie tun?	Sie soll sich anders verhalten, freundlicher reagieren oder sich entschuldigen.
Was sagt Lisa über sich?	Sie hat sich über das Verhalten oder eine Bemerkung von Bettina geärgert.

Vorwürfe sind verunglückte Wünsche

Wer, statt diese Aspekte zu beachten, ausschließlich den Angriff sieht, wird es schwer haben, sich souverän zu verhalten. Fragen Sie sich lieber, ob der andere nicht unbewusst einen wunden Punkt bei Ihnen getroffen hat und Sie möglicherweise gar nicht verletzen wollte. Und üben Sie, das Problem nicht bei sich, sondern bei dem anderen zu lassen. Mit dem Motto: »Vorwürfe sind verunglückte Wünsche« bekommen Sie einen Blick für den anderen und müssen sich nicht als Opfer seiner Attacke sehen. Wie hätte das bei Bettina aussehen können?

Lisa: »Nur weil du in den Wechseljahren bist, musst du uns doch nicht so anzicken.« Bettina sieht ihr in die Augen und entgegnet mit ruhiger Stimme: »Oh, tut mir leid, wenn ich eben etwas direkt war. Ich habe mich aber auch wirklich geärgert.«

Oder:

»Hm, du hast gemerkt, dass ich heute nicht so gut drauf bin. Tut mir leid.«

Wenn Sie auf einen wirklich gemeinen Spruch so cool und sachlich reagieren, nehmen Sie dem anderen den Wind aus den Segeln. Jemand, der Sie mit Absicht treffen oder verletzen will, wird enttäuscht, weil er die erhoffte Wirkung nicht erreicht. Und derjenige, dem der Spruch einfach so herausgerutscht ist, wird deutlich darauf hingewiesen, wie eine wertschätzende Kommunikation aussieht. Kann sein, dass er sich sogar entschuldigt.

Techniken, die sich lernen und üben lassen

Es gibt eine Vielzahl von Ratgebern zu dem Thema »Wie werde ich schlagfertiger?«. Wer sich näher damit beschäftigen möchte, findet einige Hinweise dazu im Literaturverzeichnis dieses Buches. Ich stelle Ihnen auf den folgenden Seiten einige Techniken vor, die gut umsetzbar sind und auch funktionieren, wenn Sie sich noch nicht so sicher fühlen.

Beim Wort nehmen

Lothar tritt gedankenverloren ohne nach rechts oder links zu schauen aus seiner Bürotür. Hinter ihm kann Herr Hinz aus der Buchhaltung gerade noch abbremsen. Dabei rutscht ihm eine Mappe aus dem Stapel, den er vor sich herträgt. »Mensch, haben Sie keine Augen im Kopf«, blafft er.

»Mensch, haben Sie keine Augen im Kopf?«

Das ist eine alltägliche Situation, die je nach Antwort zu schlechter Laune führen oder einen giftigen Ministreit entfachen kann. Eine solche Wirkung hat etwa die folgende, wirklich schlag-fertige Entgegnung, mit der sofort der Fehdehandschuh aufgenommen wird.

»Und Sie wohl auch nicht. Passen Sie doch auf, wo Sie langgehen.«
»Wer hat denn hier nicht nach rechts und links geguckt!«
»Gilt hier auch schon die Straßenverkehrsordnung?«

Ein Schlagabtausch, der nur darauf abzielt, festzustellen, wer recht hat. Vielleicht ist Lothar auch noch stolz darauf, dass ihm das mit der Straßenverkehrsordnung so schnell eingefallen ist und reibt sich innerlich die Hände. Womöglich kichert er leise dabei. Doch das bringt nichts als Ärger.

Viel eleganter ist es, die im Geist schon geballten Fäuste zu öffnen. Nicht jede ärgerliche Bemerkung ist ein Angriff, es ist doch auch möglich, dass sich Herr Hinz einfach nur erschrocken hat.

»Doch, zwei. Sorry.« Lothar bückt sich, um den Hefter aufzuheben und lächelt Herrn Hinz freundlich an.

Humor

Lothar hat die Bemerkung seines Kollegen humorvoll aufgegriffen und sich entschuldigt. Es gibt für beide Beteiligten keinen Grund, sich wegen dieser Kleinigkeit zu streiten.

Der Trick besteht darin, das gegebene Stichwort zu nutzen und daraus eine schlagfertige Antwort zu machen. Ein paar Beispiele:

»Sind Sie denn von allen guten Geistern verlassen?«
»Ich hoffe nicht.«

»Können Sie nicht aufpassen?«
»Eigentlich ja.«

»Nur weil du in den Wechseljahren bist, musst du uns doch nicht so anzicken«.
»Du, das geht auch ohne Wechseljahre.«

Rückfragen

Ein Seminarteilnehmer ärgert sich jedes Mal darüber, wenn Anrufer, die er nicht besonders gut oder gar nicht kennt, ihn mit der Floskel »Wie geht es Ihnen?« begrüßen. Seine Standardantwort darauf war bisher sehr schroff:

Wie geht es Ihnen?

> »Guten Morgen Herr Lehmann, wie geht es Ihnen?«
> »Das wollen Sie doch gar nicht wissen. Also, worum geht es?«

Nun, diese Antwort empfindet wohl jeder als unfreundliche Zurückweisung. Immerhin entspringt die Bemerkung, auch wenn es sich um eine Floskel handelt, dem Bemühen um Höflichkeit. Und selbst, wenn es sich um einen Anrufer handelt, der etwas von Ihnen will, und Sie keinen Grund haben, ihn besonders zuvorkommend zu behandeln – tun Sie es trotzdem. Denn jedes Gespräch, das mit einem Missklang endet oder einen gereizten Ton annimmt, macht schlechte Stimmung. Auch bei Ihnen!

Eine gute Möglichkeit ist es, mit Rückfragen zu kontern. Wenn Sie das tun, müssen Sie auch gar nicht damit rechnen, dass der andere die Frage wirklich beantwortet. Er wird schon verstehen, was Sie ihm mitteilen wollen. Also:

> »Guten Morgen, Herr Lehmann, wie geht es Ihnen?«
> »Wollen Sie die lange oder die kurze Version?«

Eine weitere Rückfragetechnik ist die Nachfrage, ob man den anderen richtig verstanden hat. Das geht fast immer, auch dann, wenn Ihnen mal die Luft wegbleibt. Sie paraphrasieren, was Sie verstanden haben, zeigen Interesse und gewinnen ganz nebenbei auch noch Zeit zum Durchatmen.

Hast du das denn immer noch nicht kapiert?

Dennis bittet Anne um Hilfe: »Du, Anne, es ist wie verhext. Ich komme immer wieder auf die gleiche Maske und kann den Vorgang nicht abschließen. Kannst du mal gucken? »Oh Mann, hast du denn noch immer nicht kapiert, wie das Programm funktioniert?« Anne klingt genervt. »Schon mal was von Hilfsbereitschaft unter Kollegen gehört?«, blafft Dennis zurück.

Dumm gelaufen, das Klima ist verseucht. Schade eigentlich! Dennis stellt zwar eine Frage, doch eigentlich erwartet er gar keine Antwort darauf. Im Gegenteil: Er greift Anne geradewegs an. Nach dem Motto »Angriff ist die beste Verteidigung« versucht er, mit dem Vorwurf fertig zu werden, den er aus Annes Äußerung herausgehört hat. Schlagfertig unter die Gürtellinie zu zielen muss nicht sein. So geht es auch:

»Oh Mann, hast du denn noch immer nicht kapiert, wie das Programm funktioniert?« Anne klingt genervt.

»Oje. Bist du jetzt genervt, weil du mir noch mal etwas erklären musst?«

»Ja ...!«

»Kann ich verstehen. Und was machen wir nun?«

Anne stöhnt. »Da bleibt mir wohl nichts anderes übrig, als dir zu helfen. Und du schreibst dieses Mal mit!«

Die einfühlende Rückfrage gekoppelt mit der Frage, wie es nun weitergeht, wirkt entwaffnend.

Die interessierte Nachfrage eignet sich auch gut für den Umgang mit Vorgesetzten oder Kunden. Sie können schnell reagieren und laufen durch die diplomatische Art der Reaktion nicht Gefahr, Ihr Gegenüber möglicherweise zu verprellen.

Johanna ist eine engagierte Teamleiterin. Sie tritt für ihre Überzeugungen ein und hat sich schon oft mit Veränderungsvorschlägen durchgesetzt.

Ihr Chef, Hans Müller, ist damit nicht immer einverstanden. Die beiden haben ein distanziertes Verhältnis zueinander und in einem Mitarbeitergespräch sagt er kühl: »Bei Ihnen muss man zähneknirschend zugeben, dass Sie Recht haben.« Starker Tobak! Johanna ist zwar nicht auf den Mund gefallen, aber zu dieser Bemerkung fällt ihr nichts ein. Allerdings ist sie noch Wochen später empört und ärgert sich, dass sie nichts dazu gesagt hat.

Gerade hier passt die interessierte Nachfrage gut. Drei Fragen sind jetzt möglich:

- »Was genau möchten Sie damit sagen?«
- »Wie kommt es denn zu diesem Zähneknirschen?«
- »Unter welchen Umständen könnten Sie mir denn ohne Zähneknirschen zustimmen?«

Die Bemerkung des Chefs wird zum Bumerang. Denn nun muss er sich mit seiner Aussage auseinandersetzen. Kann sein, dass er irgendetwas brummelt und das Gespräch in andere Bahnen lenkt. Johanna beweist auf jeden Fall ihre Souveränität, indem sie sich nicht in die Rolle der Beleidigten oder des Opfers begibt. Sie bleibt handlungsfähig und übernimmt durch ihre Fragen sogar die Führung des Gesprächs.

Zustimmen

Wer es anstrebt, seinem Gesprächspartner nach einem frechen, anzüglichen oder dummen Spruch den Wind aus den Segeln zu nehmen, muss sich nicht unbedingt anstrengen. Bisweilen ist eine einfache Zustimmung die beste Lösung.

Karin spricht mit Martin über ein Kundenprojekt: »Das ist ein sensibles Thema. Da könnte Herr Weber empfindlich reagieren.« Martin grinst: »Du weißt doch, wo die besonders empfindlichen Stellen beim Mann sind.« »Stimmt, und darum schlage ich vor, dass wir uns noch einmal darüber unterhalten, wie wir in dem Projekt am besten vorgehen.«

Besonders empfindliche Stellen ...

Karin macht kein Aufheben von dieser möglicherweise anzüglichen Bemerkung. Sie stimmt einfach zu und fährt fort, sachlich über das Thema zu sprechen.

Diese zustimmende Reaktion auf eine versuchte Provokation ist wirklich entwaffnend und birgt zudem die Möglichkeit, sich selbstbewusst zu präsentieren. Sie sind eben so, wie Sie sind. Und das ist okay.

»Ihr Schreibtisch sieht ja aus, als sei eine Bombe eingeschlagen.«
»Ja, stimmt. Das ist mir auch schon aufgefallen.«

»Mensch, du bist wirklich extrem pedantisch.«
»Ja, stimmt.«

»Du hältst dich wohl für sehr schlau.«
»Ja klar.«

Wenn Sie die Zustimmung noch um eine Umdeutung oder Interpretation ergänzen, können Sie den Angriff sogar in Ihrem Sinne nutzen.

»Sie wollen mich doch jetzt nur überzeugen.«
»Stimmt. Genau darum bin ich hier.«

»Das haben wir noch nie so gemacht.«
»Genau. Darum möchte ich es auch gern einmal versuchen.«

»Zwei Tage für diese Aufgabe sind aber ziemlich knapp.«
»Ja. Dann fangen wir besser schnell damit an.«

Abblitzen lassen

Viele Angriffe und dumme Sprüche verdienen überhaupt keine verbale Reaktion. Sie können den anderen stattdessen aber einsilbig oder mit einer entsprechenden Geste abblitzen lassen. Provokationen verlaufen dann einfach im Sande.

Provokation? Nein danke!

Monika ist temperamentvoll und ihr Herz trägt sie auf der Zunge. Gerade hat sie festgestellt, dass ein Kunde kurzfristig ein Konzept komplett verändert hat. »Das gibt's doch nicht!«, platzt es aus ihr heraus. Monikas Chefin steckt den Kopf zur Tür herein und meint: »Wenn Sie Ihre emotionalen Zustände haben, dann kann die ganze Etage die Arbeit niederlegen.« Daraufhin lächelt Monika und hebt entschuldigend die Hände.

Es lohnt sich nicht, jetzt beleidigt zu reagieren. Die Geste reicht völlig aus. Gut, man könnte die Aussage auch so interpretieren, dass die Chefin möchte, dass Monika leiser ist. Das hat sie aber nicht gesagt. Und nicht immer muss man auf das Ungesagte reagieren oder sich gar rechtfertigen.

Können Sie sich vorstellen, gar nicht zu reagieren und den anderen einfach zu ignorieren? Das funktioniert erstaunlich gut. Sie schauen Ihr Gegenüber ruhig an, lächeln eventuell und fahren einfach fort, das zu tun, was Sie vor dem Spruch getan haben. Lassen Sie sich nicht provozieren, wenn der andere sich laut darüber auslässt, wie Sie gucken. Bleiben Sie dabei, ihn ins Leere laufen zu lassen.

Wenn Sie zu den Menschen gehören, denen bei blöden Sprüchen einfach die Luft wegbleibt, dann zwingen Sie sich nicht zu irgendeiner betont humorvollen oder einfühlenden Replik. Sie können ebenso gut, oder sogar noch besser, ein- oder auch zweisilbig reagieren.

»Ich wusste gar nicht, dass du auch Beine hast. Sonst trägst du doch immer nur Hosen.«
»Ach was!«

»Manche halten sich hier wohl für besonders schlau.«
»Sag bloß!«

»Wenn Sie Ihre emotionalen Zustände haben, dann kann die ganze Etage die Arbeit niederlegen.«
»Oje!«

Zu dieser Technik gehört eine Portion Selbstdisziplin. Denn Sie dürfen auf keinen Fall noch irgendetwas anderes sagen. Auch, wenn Ihnen noch eine Menge dazu einfallen würde: Halten Sie Ihre Zunge im Zaum!

Schlagfertigkeit als Erfolgsfaktor?

Schlagfertigkeit ist kein universelles Erfolgsrezept. Sicher gibt es Menschen, die immer und überall in der Lage sind, spontan eine witzige Bemerkung zu machen. Für Comedians ist das eine unabdingbare Voraussetzung. In anderen Berufen kann diese Eigenschaft jedoch schnell nervig werden. Nicht jeder, der sich selbst zum Büroclown ernennt, wird auch wirklich ernst genommen. Ab und zu eine Kostprobe Ihres Wortwitzes reicht! Sprücheklopfer können sich schnell unbeliebt machen. Und achten Sie vor allem die Grenzen der anderen. Verletzungen und Späße auf Kosten anderer sind tabu!

Grämen Sie sich nicht, wenn Sie zu den vielen Menschen gehören, denen nur selten eine schnelle Antwort einfällt. Bleiben Sie lieber stumm, reagieren Sie gar nicht oder mit Gesten und einsilbig. Das funktioniert immer. Bleiben Sie, wie Sie sind: authentisch. Nichts ist schlimmer als bemühte Schlagfertigkeit. Und wenn jemand meint, dazu einen dummen Spruch machen zu müssen – »Da bist du mal wieder sprachlos, was?!« –, dann stimmen Sie doch einfach zu – »Stimmt!« – oder heben Sie die Hände zu einer Geste, die so etwas wie »Tja, so ist es nun mal« ausdrückt.

FAZIT

- Atmen Sie ruhig weiter.
- Üben Sie Ihre Schlagfertigkeit, wo immer Sie können.
- Schlagfertigkeit ist nicht Rechtfertigung.
- Setzen Sie Schlagfertigkeit als Schutz und Verteidigung ein, nie als Angriff.
- In der Opferrolle sind Sie angreifbar. Selbstvertrauen ist der Schlüssel, sich unangreifbar zu machen.
- Bleiben Sie authentisch. Dann können Sie auch souverän sein.

7. Jammerzirkel? Nein danke!

Von der Freude am lösungsorientierten Flurfunk

Jede Firma und jede Organisation hat ihren Marktplatz, ihre Piazza. Das kann der Kopierer sein, der Empfang, die Teeküche, der Raucherraum oder auch der Flur im dritten Stock. Hier werden Informationen ausgetauscht, Klatsch und Tratsch gepflegt und die neusten Gerüchte verbreitet. Wer kann sich dem schon entziehen? »Flurfunk« wird dieser Informationsaustausch auch genannt. Zuverlässig und schnell gelangen wichtige Neuigkeiten auf diesem Weg bis in den letzten Winkel des Hauses – lange bevor das offizielle Rundschreiben auf den Tischen liegt. Hier entstehen Meinungen, werden Intrigen angezettelt und Ideen geboren. Allianzen werden geschmiedet und Projektteams gebastelt. Politik pur: Ein Muss für jeden, der etwas erreichen will.

Man könnte ganz wunderbar an seinen Netzwerken basteln und sich interessante Tipps holen – wenn es da nicht noch einen anderen, leider weit verbreiteten Aspekt des Flurfunks gäbe: das Jammern.

Ach, geht es uns schlecht ...

Kerstin aus der Buchhaltung macht sich auf den Weg zur Poststelle. Im Fahrstuhl begegnet ihr Oliver aus dem Versand. »Hallo Oliver. Na, wie geht's?« »Frag' bloß nicht! Wir ersticken in Arbeit. Kein Land in Sicht und nun sind auch noch zwei Kollegen krank.« Oliver macht ein genervtes Gesicht. Kerstin kann ihn gut verstehen: »Oje, das ist aber auch wirklich blöd. Kein Wunder, wenn immer viel zu wenig Mitarbeiter die Arbeit schaffen sollen ...« Oliver springt sofort darauf an: »Ja, Jobs abbauen, das können sie. Und wir ackern uns kaputt. Weißt du, wie viele Überstunden ich schon habe?« Kerstin setzt noch einen

drauf: »Und bezahlt werden die ja nicht mehr so ohne Weiteres. Wer kann denn da noch motiviert sein!« Der Fahrstuhl hält und sie trennen sich mit sorgenvollen Gesichtern.
Bei der Poststelle trifft Kerstin auf Meike, die Sekretärin des Vertriebsleiters. »Na, Kerstin, wie läuft's bei euch? Alles okay?« »Na ja, wie überall eben. Viel zu viel Arbeit für viel zu wenige Leute. Das habe ich auch gerade von Oliver gehört. Die arbeiten heute im Versand mit einer Minimalbesetzung.« Meike stöhnt. »Na, dann kann ich mich darauf gefasst machen, dass in ein paar Tagen die Kunden hier anrufen und mich wegen verzögerter Lieferungen zur Schnecke machen. Ich kriege das dann alles ab! Dabei kann ich doch am wenigsten dafür. Na ja, die Kleinen baden eben alles aus! Wusstest du schon, dass einer unserer Großkunden sich verabschieden will?«

Das kann sich endlos so weiterentwickeln, und das tut es leider auch oft. Der Sog, sich in Jammerzirkeln zusammenzufinden, ist enorm groß. Es ist aber auch zu verlockend, selbst ein kleines Puzzleteil beizutragen, wenn es darum geht, das Jammertal in den düstersten Farben zu malen. So freudlos und frustriert sich die drei präsentieren, so kommt es bei anderen an. Mal ehrlich: Haben Sie nicht auch innerlich Verständnis gehabt? Und hätten Sie nicht auch aus Ihrem eigenen Berufsleben etwas dazu beisteuern können?

Tiefer und tiefer ins Jammertal

Kommen Sie, wir spielen mal Mäuschen bei einer ähnlichen Szene am anderen Ort.

Kurz vor dem Meeting stehen Horst, der Leiter der Buchhaltung, Nora, die Lagerleiterin, und der Verkaufsleiter Reinhard im Besprechungsraum. Nach einer kurzen Begrüßung geht es schon los. Reinhard eröffnet das Gespräch: »Habt ihr schon gehört, dass einer unserer Großkunden wackelt? Na ja, wenn ich mir die Qualität ansehe, die die Produktion abliefert, kann man sich nur wundern, dass das nicht schon eher passiert ist. Und dann diese unselige

Klagen macht vor der Chefetage nicht halt

Preispolitik. Wie soll man denn da noch guten Gewissens verkaufen?« Nora nickt: »Und dazu kommt noch die Unzufriedenheit mit den Lieferzeiten. Wir sind im Lager chronisch unterbesetzt und wenn dann mal einer krank ist, geht gar nichts mehr.« Horst schüttelt erschüttert den Kopf: »In der Buchhaltung haben wir zwar genug Mitarbeiter. Aber leider sind einige davon nicht besonders produktiv. Dann bleiben Vorgänge liegen und ich arbeite das dann abends nach. Wisst ihr, wann ich gestern nach Hause gekommen bin?« Nun entspinnt sich ein Gespräch über die Qualität der Mitarbeiter und die restriktive Einstellungspolitik der Firma.

Spätestens zu diesem Zeitpunkt sind die Mundwinkel deutlich auf Halbmast. Eine tolle Stimmung für eine Besprechung. Was meinen Sie? Ob sich so wohl konstruktiv und engagiert Lösungen diskutieren lassen? Eher nicht. Vieles spricht dafür, dass sich die anklagende Opferhaltung auch während der folgenden zwei Stunden hartnäckig hält.

Ursachenforschung

Schuld sind immer die anderen

Ist das Jammern eine typische deutsche Eigenart? Dann können wir ja gar nichts daran ändern. Es ist uns irgendwie in die Wiege gelegt worden und nicht unsere Schuld. Ja, wenn wir in Frankreich geboren wären, dann wären wir viel positiver. Aber so? Alle um uns herum jammern: über unfähige Politiker, die soziale Kälte, weniger Geld im Portemonnaie, schlechte Straßen, den Papierstau im Kopierer, das Wetter, die Kundenbeschwerden, den Chef, die Arbeitsabläufe. Warum sollten wir selbst es anders machen?

Eine ganz normale Frage kann durchaus in der Erkenntnis enden, dass alles ein Elend ist (oder zu sein scheint ...). Und dieses Elend hat drei Hauptmerkmale:

1. Ich kann nichts dafür: Es sind immer andere schuld.
2. Ich kann nichts ändern.
3. Es gibt verbündete Jammerer.

Man muss doch aber auch mal seinen Frust ablassen können, meinen Sie? Sie haben Recht. Ein bisschen meckern und nörgeln ist okay und sogar notwendig für die Psychohygiene. Wenn daraus allerdings eine negative Dynamik entsteht, die alle Beteiligten wie in einem Strudel immer tiefer nach unten zieht, dann gehen Sie noch frustrierter an die Arbeit zurück. Sie sind zwar etwas losgeworden, haben dafür aber auch neue deprimierende Stimmungsäußerungen mitgenommen.

Geteiltes Leid ...

Die Opfervereinigung

Wo immer sich ein Jammerzirkel bildet, entsteht binnen kürzester Zeit auch eine Opfervereinigung. Gemeinsam machen sich alle Beteiligten mit wachsender Begeisterung auf die Suche nach jemandem, dem sie die Verantwortung für ihr Elend in die Schuhe schieben können. Achten Sie mal darauf: Schuld sind immer nur Menschen, die nicht zum gegenwärtigen Jammerzirkel gehören.

Jammerzirkel gibt es natürlich nicht nur in Firmen oder Behörden. Auch Freiberufler, Vereine oder Lehrerkollegien bleiben nicht verschont. Und auch in manchen privaten Kreisen wird gejammert, was das Zeug hält. Warum brauchen so viele Menschen beim Jammern Verbündete? Und was ist der Grund für den rasant einsetzenden Solidarisierungsprozess? »Ach, ich muss es doch einfach mal jemandem erzählen, der mich versteht«, seufzt die eine. Und ein anderer meint: »Ich fühle mich dann gleich viel besser.« Manchem tut es auch gut zu erfahren, dass es anderen genauso geht wie uns selbst. Das kann entlastend und tröstend sein. Jammern schafft Gemeinschaft.

Mit anderen über seine Sorgen zu sprechen kann in der Tat sehr hilfreich sein. Nämlich dann, wenn der Gesprächspartner verständnisvoll zuhört, nachfragt und so eventuell zum lösungsorientierten Denken anregt.

In Jammerzirkeln dagegen dient die Klage des einen als Stichwort für das Lamento des zweiten. Und so weiter. Mit gegenseitigem Mitgefühl und hilfreichem Zuhören hat das nichts zu tun. Hier wird das Leid verdoppelt und nicht geteilt. Am Ende hat jeder noch die Päckchen der anderen zu tragen.

... ist nicht immer halbes Leid!

Jammerzirkel sind mit ihrer organisierten Unverantwortlichkeit ein idealer Nährboden für Demotivierung. Und so – durch ihr Leid zusammengeschweißt – beäugt eine Opfergruppe misstrauisch jeden, der Zuversicht ausstrahlt und nach Lösungen suchen will. Mit dem kann ja etwas nicht stimmen.

Anstifter

Manche Personen sind geübte Initiatoren von Jammerzirkeln. Der Profi-Jammerer läuft mit gekonnten Seufzern zur moralischen Höchstform auf. Und so wird der Miesepeter sicher einige interessierte Zuhörer – und Mitjammerer – finden. Er hat erreicht, was er wollte: Aufmerksamkeit. Wenn er nicht gebremst wird, tyrannisiert er alle und vergiftet das Klima mit seiner negativen Einstellung.

Gut geseufzt, Löwe!

Wohl gemerkt: Ich spreche hier nicht von denen, die sich beklagen, weil sie ein echtes Problem haben. Sie brauchen

Hilfe, und ihre Klagen sind ein Appell: »Bitte helft mir. Kümmert euch um mich!« Erst gewohnheitsmäßiges Schimpfen führt zum Phänomen der Zusammenrottung im Jammertal.

Abstand gewinnen

Niemand schließt sich freiwillig aus der Gemeinschaft aus. Aber ganz ehrlich: Haben Sie schon einmal erlebt, dass ein Jammerer außerhalb der Jammergemeinschaften Ansehen genießt oder gar erfolgreich ist und weiterkommt? Wer die Verantwortung anderen zuschiebt, läuft Gefahr, immer Opfer zu bleiben und auch so behandelt zu werden.

Als Teil der Jammerfraktion beschädigen Sie Ihr Image! Möchten Sie, dass man von Ihnen denkt, Sie seien offensichtlich überfordert, negativ und immer nur am Klagen? Nun könnte ja der erste Impuls sein: Bloß weg hier! Doch damit vergeben Sie die Chance, die Stimmung umzuwandeln. Stattdessen bestätigt es die Miesepeter eher noch und sie können ungestört weiterschimpfen. Gewinnen Sie Abstand, indem Sie dabeibleiben und eingreifen. Dazu brauchen Sie Energie und Mut. Sie müssen sich also entscheiden: destruktiv jammern oder konstruktiv eine Meinung äußern.

Jammern füllt keine Kammern! (Russ. Sprichwort)

Opferrolle ade!

Kerstin aus der Buchhaltung kommt am Abend nach Hause und lädt den Frust über die desaströsen Zustände in ihrer Firma erst einmal bei ihrem Mann Daniel ab. Der zieht genervt die Augenbrauen hoch. »Ich will abends mal nichts von deiner Arbeit hören. Können wir nicht mal über etwas anderes sprechen?« Spricht's und schaltet den Fernseher an.

»Es ist so gemein«, heult Kerstin später ihrer Freundin Gabi am Telefon vor. »Keiner versteht mich. Mir macht die Arbeit keinen Spaß mehr. Mein Chef beachtet mich nicht und nun will Daniel auch nichts mehr von meinen Sorgen hören. Der zieht schon genau das gleiche Gesicht wie mein Chef, wenn ich ihm was von meinem Frust erzähle.« Gabi hört aufmerksam zu und fragt: »Wie kommt es denn, dass du dich auf der Arbeit so schlecht fühlst?« »Ach, alle haben so viel zu tun und es gibt täglich neue Hiobsbotschaften aus den anderen Abteilungen. Wenn ich das höre, komme ich schon ganz deprimiert wieder an meinen Schreibtisch zurück. Und dann schimpft Horst, mein Chef, dass ich immer so schlechte Laune habe. Wie soll es denn auch anders sein! Dabei möchte ich doch auch mal wieder etwas Anerkennung bekommen.«

Ganz automatisch ist Kerstin zum destruktiven Jammern übergegangen. Kein Wunder, dass ihr Chef Horst und auch Daniel zu Hause keine Lust haben, sich das immer anzuhören. Wenn Kerstin positive Beachtung möchte, hilft kein plakatives Selbstmitleid. Das weiß auch Gabi.

»Kerstin, ganz ehrlich, wenn ich dich so klagen höre, dann zieht es mich gleich mit runter, wenn ich nicht aufpasse. Und ich ärgere mich auch, dass du dich da so hineinsteigerst. Für mich wäre es leichter, mit dir über deine Arbeit zu sprechen, wenn du mal darüber nachdenken würdest, was du selber tun kannst, um etwas zu verändern.« »Was soll ich denn tun? Das wird doch alles von oben beschlossen. Und auf die anderen Abteilungen habe ich auch keinen Einfluss«, schluchzt Kerstin. Gabi bleibt hartnäckig. »Schau dir doch erst einmal deinen eigenen Arbeitsplatz an. Was stört dich da und was kannst du tun, um es zu ändern oder damit so umzugehen, dass es nicht mehr nervt?«

Mit Fragen unterstützen und helfen

Die Freundin hat einen guten Weg eingeschlagen. Sie holt die Unzufriedene mit ihren lösungsorientierten Fragen aus der Opferrolle. Es gilt nach vorn zu schauen. Damit ist die Energie viel effektiver eingesetzt als beim Jammern.

Beispiele für hilfreiche Fragen:

- Was genau ist das Problem?
- Was befürchtest du konkret?
- Was können wir tun, damit wir das in den Griff bekommen?
- Wie wäre die Idealsituation?
- Was ist unter den gegebenen Umständen realistisch?
- Welche Möglichkeiten hast du in deinem direkten Umfeld?
- Was muss passieren, damit du aktiv wirst?
- Wer kann dich unterstützen?
- Was kannst du tun, um mit den herrschenden Umständen leben zu können, wenn nichts zu ändern ist?

Diese Fragen eignen sich auch ganz ausgezeichnet, wenn Sie selbst in einen Jammerzirkel geraten. Gehen Sie nicht weg und beteiligen Sie sich nicht an den Klagen, sondern verändern Sie die negative Energie in positive Dynamik!

Der positive Unterschied: aktiv und lösungsorientiert handeln

Love it, change it or leave it

Wenn Sie positiv auffallen und weiterkommen möchten, dann suchen Sie nach Chancen statt nach Ausreden dafür, dass Sie nichts bewegen können. Vermeiden Sie Selbstmitleid und werden Sie positiv aktiv. So abgedroschen es auch klingt: das Motto »Love it – change it – or leave it« ist aktueller denn je. Sie haben die Wahl, freiwillig zu arbeiten und zu lernen oder sich als armes Opfer der Umstände zu sehen. Es ist Ihre eigene Entscheidung, ob Sie Selbstverantwortung übernehmen oder in der Haltung pessimistischer

Mutlosigkeit verharren. Sind Sie bereit, sich zu engagieren, sich freiwillig einzubringen oder lehnen Sie sich doch lieber einfach zurück und warten darauf, dass irgendwer es schon richten wird? Sie entscheiden, ob Sie sich weiter als ohnmächtiges Opfer fühlen oder Mut zur selbstbestimmten Freiheit entwickeln wollen.

Wollen Sie Verantwortung übernehmen? Davon gehe ich aus, denn Sie lesen ja nicht ohne Grund gerade dieses Buch. Sie haben sich entschieden? Okay, weiter geht's.

So mischen Sie Jammerzirkel auf:

1. Zuhören und Verständnis zeigen
2. Nach präziseren Informationen und Hintergründen fragen
3. Durch Fragen Möglichkeiten zur Veränderung herauskitzeln
4. Nach vorn schauen und über Lösungen sprechen

Kerstin hat nach dem Gespräch mit ihrer Freundin den Entschluss gefasst, die Verantwortung für ihre Motivation selbst zu übernehmen und sich von den anderen nicht länger herunterziehen zu lassen. Am nächsten Tag trifft sie in der Teeküche Meike – mit hängenden Mundwinkeln. »Na, wie läuft's?«, fragt sie, und Meike stöhnt: »Heute hört das Telefon nicht auf zu klingeln. Ich weiß schon gar nicht mehr, wo mir der Kopf steht.«

Die Richtung ändern

Ja super! Nun können wir beobachten, ob Kerstin sich dem Jammersog entzieht und stattdessen eine andere Richtung weist.

Kerstin: »Oje, das kann ich verstehen. Du telefonierst und musst doch auch noch eine Menge anderer Sachen erledigen, zu denen du dann nicht kommst.«

Meike: »Ja genau. Und dann sitzt mein Chef mir im Nacken und will seine Verkaufsberichte ausgewertet haben …«

Kerstin: »Bis wann braucht er die denn?«

Meike: »Bis morgen Mittag. Und ich weiß gar nicht, wie ich das noch schaffen soll.«

Kerstin: »Wofür braucht dein Chef die Auswertung denn?«

Meike: »Am Donnerstag ist Vertriebsmeeting und dann will er mit den Verkäufern darüber sprechen.«

Kerstin: »Verstehe, er will sich vorbereiten. Bis wann kannst du es denn schaffen?«

Meike: »Na ja, wenn mir jemand das Telefon abnehmen würde, könnte es noch klappen. Sonst schaffe ich es erst bis morgen Abend.«

An dieser Stelle steige ich aus dem Dialog aus. Sie haben gemerkt, dass durch die mitfühlenden und unterstützenden Fragen von Kerstin gar nicht erst eine Jammerstimmung aufgekommen ist. Im Gegenteil: Beide beginnen über Lösungsmöglichkeiten nachzudenken. Im Grunde könnten Sie das Gespräch jetzt auch selbst zu Ende führen. Versuchen Sie es einmal!

Im besten Fall ist jetzt eine Lösung gefunden und Meike kehrt zuversichtlich in ihr Büro zurück. Kerstin fühlt sich gut. Sie hat sich nicht mitziehen lassen, hat nicht ihrerseits ein Klagelied gesungen und stattdessen aktive Hilfe geleistet. Das können Sie auch. Fangen Sie gleich bei der nächsten Gelegenheit damit an. Jeder Jammerzirkel kann auf diese Weise zu einer Lösungswerkstatt werden. Und Ihre eigene Haltung wird sich auch verändern. Sie übernehmen Verantwortung für Lösungen und verlassen die Opferrolle. Das werden Kollegen und Vorgesetzte schnell bemerken und Ihre klugen, zielführenden Fragen zu schätzen lernen.

Bloß keine Vorschläge!

Bei aller Lösungsorientierung gilt es, einen Fehler zu vermeiden: Geben Sie keine Lösungen vor und machen Sie keine Vorschläge. Wer Lösungen vorgibt, löst Widerstand aus. Die Jammerfraktion wird geschlossen gegen Sie stehen und Ihnen beweisen, dass das ja nun gar nicht geht.

Gehen Sie auf Sendung

Wenn Sie sich bemerkbar machen wollen, dann kommen Sie nicht umhin, die eingangs des Kapitels beschriebene Piazza zu betreten und diesen Platz zu nutzen. Sie betreiben sozusagen Public Relation im Flurfunk.

PR im Flurfunk

Wer bemerkt werden will, muss etwas tun, was andere nicht tun, etwas anbieten, was andere nicht bieten. Da im Flurfunk negative Nachrichten und Gerüchte überwiegen, unterscheiden Sie sich erheblich von Ihrer Umgebung, wenn Sie der problemorientierten Mehrheit mit lösungsorientiertem Verhalten Paroli bieten.
So könnte Ihr Sendeplan aussehen:

Nachrichten

Überlassen Sie die schlechten Nachrichten den anderen. Sie breiten sich ohnehin in Windeseile aus. Erklären Sie sich zuständig für gute Nachrichten und Erfolgsmeldungen. Stellen Sie Ihre Antennen auf Empfang und suchen Sie nach den Ereignissen, die positiv sind und motivieren können:

Gute Neuigkeiten ...

- Verkaufserfolge
- Lob von Kunden
- positive Markttrends
- angenehme neue Kollegen

- nette Auszubildende
- das schöne Wetter
- eine trotz aller Schwierigkeiten gemeisterte Aufgabe
- die Pünktlichkeit der Kollegen beim letzten Meeting
- das Computerprogramm, das endlich problemlos läuft

Der Kommentar

Positiv kommentieren

Ihre Kommentare bestärken nicht den negativen Trend in den Flurdiskussionen. Vielmehr weisen sie auf Chancen hin, die in den Problemen stecken. Sie deuten vermeintlich schlechte Nachrichten um, wenn es möglich ist: »Oh, in der Auftragsannahme laufen die Telefone heiß? Das heißt, wir machen gute Umsätze diesen Monat!«, »Ihr Rechner ist ausgefallen und der IT-Spezialist braucht dafür ein paar Stunden? Dann haben Sie endlich Zeit für die lang geplante Umräumaktion im Büro!« Sie tun allerdings gut daran, wenn Sie vor Ihrem Kommentar noch kurz Verständnis für den Ärger der anderen zeigen und Ihr Bedauern ausdrücken. Wenn ich mal wieder in Arbeit versinke und mich beklage, dass ich lange kein freies Wochenende mehr hatte, pflegt meine Mutter zu sagen: »Das ist doch gut! Als Selbstständige kannst du doch froh sein, so viel zu tun zu haben.« Nett! Ich fühle mich dann immer genötigt, ihr zu erklären, dass sie zwar Recht hat, ich aber trotzdem erschöpft bin und mir einfach ein wenig Bedauern gewünscht hätte.

Hörer fragen – Experten antworten

Ich kann, was ihr braucht ...

Sendungen, bei denen man im Dialog mit Experten Antworten auf seine Fragen findet, haben gute Einschaltquoten. Helfen Sie anderen bei der Suche nach Lösungen. Wenn Sie das Kapitel »Bühne frei für mich«

gelesen und Ihre Talente und Fähigkeiten erkannt haben, bieten Sie Ihr Wissen anderen an. Auch das, was vermeintlich nicht zu Ihrem Job passt.

Bei mir hat einmal eine Kollegin einen nachdrücklichen Eindruck mit selbst gestrickten Socken hinterlassen. Sie erzählte in einer Sitzungspause, dass sie gerade von ihrer Mutter Socken bekommen hätte und zeigte sie stolz herum. Ich bewunderte sie und bemerkte, dass ich mir schon immer so etwas gewünscht hätte. Leider gibt es in meinem Umfeld niemanden, der strickt, und ich kann es schon gar nicht. Die Kollegin meinte nur: »Ich frage meine Mutti, ob sie Ihnen auch ein Paar strickt. Welche Größe haben Sie denn?« Und siehe da: Nach einigen Wochen lagen braune Socken auf meinem Tisch! Das ist lange her, und doch erinnere ich mich immer noch an diese Kollegin. Was können Sie anderen anbieten? Gibt es in der Nähe Ihrer Wohnung einen Laden mit ganz besonderer Schokolade? Und ein Kollege hat schon nachgefragt, woher Sie die denn haben? Bieten Sie doch einfach an, für ihn seine Lieblingssorte einzukaufen.

Und was ist mit Ihrem Wissen und Ihren Talenten? Lassen Sie andere wissen, wenn Sie Expertin für etwas sind. Zeigen Sie im Flurfunk, was Sie können. Genießen Sie die Freude in den Augen eines Kollegen, dem sie helfen können, wenn er sie anspricht: »Toll, dass Sie gerade da sind. Sie sprechen doch Französisch. Ich korrespondiere gerade mit einem Kunden in Lyon – auf Englisch natürlich – und möchte ihm einen netten Gruß auf Französisch unter die Mail schreiben. Können Sie mir helfen?« Ihre Expertenhilfe kostet nicht viel Zeit und der Kollege wird Ihnen dankbar sein. Wenn ihn jemand fragt, woher er denn plötzlich Französisch kann, wird er sagen, dass er Sie gefragt hat. Bingo! Werbung für Sie!

Auf diese Weise machen Sie sich geschickt bekannt. Die

Buschtrommeln werden die Information weitergeben: Der kann was – und ist außerdem hilfsbereit!
Und wofür sind Sie Expertin oder Experte? Wem können Sie Ihre speziellen Fähigkeiten – ganz beiläufig – anbieten?

FAZIT

- »Wer den größten Teil seines Lebens gewohnheitsmäßig klagt, übellaunig sich selbst bejammernd Orgien der Missstimmung feiert, vergiftet sich das Blut, ruiniert die Gesichtszüge und verdirbt rettungslos den Teint.« (Prentice Mulford, amerikanischer Journalist)
- Wehren Sie sich gegen den Sog des Jammerns.
- Sie können Jammerzirkel aufmischen, indem Sie Verständnis zeigen und lösungsorientierte Fragen stellen.
- Gehen Sie in die Offensive und nutzen Sie den Flurfunk konstruktiv für Ihre PR in eigener Sache.

8. Kluges Klüngeln

Wie die Clique sich bezahlt macht

Ich erinnere mich, dass ich es als Studentin und auch noch später außerordentlich verwerflich fand, wenn jemand allein aufgrund von Beziehungen etwas erreichte. Sei es nun der Studentenjob an der Fakultät oder die Chance, nach dem Referendariat als Lehrer an der Schule bleiben zu können: Ich war zutiefst überzeugt davon, dass es allein um Leistung gehen sollte. Noch heute kenne ich eine Menge Menschen, die so denken. Allerdings habe ich inzwischen auch erfahren, wie hilfreich es ist, über ein gutes Netzwerk zu verfügen und dieses zu pflegen. Wer sich dagegen sträubt, verzichtet auf viel Unterstützung. Doch nicht nur die Hoffnung, dass man allein mit guter Leistung schon klarkommen wird, hält so manchen davon ab, sich ans bewusste Knüpfen eines Netzwerkers zu machen. Für viele ist es undenkbar, Kontakte »einfach so« zu suchen und zu pflegen. Ganz zu schweigen von dem Dogma, Berufliches und Privates strikt zu trennen.

Die Übergänge zwischen Beruf und Privatleben sind beim Netzwerken fließend. Dennoch gibt es wichtige Unterschiede zwischen Netzwerken, Beziehungen und Freundschaften. Das beste Netzwerk ersetzt nicht lebendige Beziehungen und Freundschaften. Wer beides hat und pflegt, wird nicht nur beruflich vorankommen.

Soziale Netzwerke

Ein Netzwerk ist – technisch gesehen – die Verbindung von mehreren Computern zum Zweck des Datenaustauschs. Oder es ist – biologisch betrachtet – das filigrane Netz einer Spinne, das sie in immer neuen Verbindungen weiterspannt, um so ihre Beute zu fangen. Bei beiden Formen geht es darum, einen Zweck zu erfüllen und ein Ziel zu erreichen. So verhält es sich auch bei sozialen Netzwerken. Diese funktionieren nach der Devise: Wie du mir, so ich dir.

Kooperativer Egoismus

Netzwerke bestehen aus voneinander unabhängigen Menschen, die etwas austauschen und sich gegenseitig von Nutzen sind. Nach dem Motto »Ich bin nützlich für dich, weil du nützlich für mich bist« werden systematisch Netze geknüpft. In einer Art kooperativem Egoismus bildet sich ein Netz, das so lange funktioniert, wie man selbst hilfreich ist.

Klingt das für Sie unsympathisch? Ist es aber nicht, denn alle Beteiligten sind sich dieser Spielregel beim Netzwerken bewusst. Wenn Sie mitspielen, dann bekommen Sie mit der Zeit Zugang zu einer Vielfalt von Ressourcen, auf die Sie allein nie zugreifen können:

- Erfahrungsaustausch
- Informationen
- Chancen
- Positionen
- Tipps
- Erfolgsrezepte
- Empfehlungen
- Türöffner

Knüpfen und spinnen mit System

Wenn Sie sich entschließen, Ihr ganz persönliches Netzwerk zu knüpfen, haben Sie in der Regel ein Ziel vor Augen: den beruflichen Erfolg zu sichern oder auszubauen. Das wollen alle Netzwerker, und so werden Sie viele Gleichgesinnte finden.

Die Einzelkämpferin

Maren ist eine Einzelkämpferin. Sie arbeitet halbtags in einem Ingenieurbüro, in der übrigen Zeit entwickelt sie freiberuflich Websites für Privatleute, Selbstständige und kleine Unternehmen. Weder im Büro noch in der Freiberuflichkeit läuft es besonders gut. Bei Projekten im Büro wird sie oft übergangen. »Du bist ja sowieso nicht so oft da«, sagt der Chef und setzt einen Kollegen als Projektleiter ein. Immer häufiger kommt es vor, dass sie eher zufällig von Neuigkeiten und Entscheidungen erfährt. Maren fühlt sich vom Informationsfluss ausgeschlossen. Und so richtig viele Kunden findet sie als selbstständige Webdesignerin auch nicht.

Netzwerktauglich?

Mit Sicherheit ist Maren sowohl als Angestellte als auch als Selbstständige hochgradig engagiert und kompetent. Und doch geht es nicht richtig voran. Vor dem Hintergrund dieser frustrierenden Erkenntnis gönnt sie sich ein professionelles Coaching. Eine der dort gewonnenen Erkenntnisse: Sie verfügt weder im Büro noch darüber hinaus über ein funktionierendes Netzwerk. Kein Wunder, dass Informationen an ihr vorbeilaufen. Maren entschließt sich mutig, zunächst ihre privaten Kontakte auf ihre Netzwerktauglichkeit zu prüfen: Wem kann ich mit meinen Kontakten und meinem Wissen nutzen und von wem kann ich profitieren? Der Schwerpunkt liegt dabei auf der ersten Hälfte des Satzes. Derjenige, dem Sie nützlich sein können, hat möglicherweise gar nicht so viel für Sie zu bieten. Aber wenn er von

Ihnen profitieren kann, dann wird er bei Bedarf in seinem Netzwerk nach jemandem suchen, der wiederum für Sie etwas tun kann. Geben und Nehmen funktioniert nicht immer eins zu eins, sondern in vielen Fällen um einige Ecken. Aber es funktioniert!

Am Wochenende ist Maren bei Freunden zum Geburtstag eingeladen. Bisher hat sie es immer vermieden, über Berufliches zu sprechen und sich sogar ein wenig geärgert, wenn die anderen sich darüber unterhielten. Nun geht sie in die Offensive. »Ihr wisst ja, dass ich freiberuflich als Webdesignerin arbeite. Nehmt mich ruhig in Anspruch, wenn Ihr einen Tipp oder Unterstützung braucht. Privat kostet euch das selbstverständlich nichts. Und wenn ihr mich weiterempfehlt, freue ich mich natürlich. Im Moment läuft es nämlich nicht so gut.« »Mensch, Maren, gerade gestern haben wir in der Firma darüber gesprochen, wer sich mit so was auskennen könnte. Ich habe gar nicht an dich gedacht, weil ich dich immer noch als Ingenieurin sehe.« Jan schüttelt den Kopf. »Siehst du, es ist doch gut, ab und zu mal über den Job zu reden«, meint seine Frau Karin.

Maren hat den Mut zuzugeben, dass es ihr beruflich gerade nicht so rosig geht. Gleichzeitig bietet sie den anderen ihre Hilfe an. Durch dieses Gespräch hat sie erste Knoten ihres Netzwerkes geknüpft. Jan, Karin und die anderen Anwesenden haben nun ganz bewusst im Kopf, was Maren anzubieten hat und was sie braucht. Diese Information nehmen sie mit in ihr Netzwerk.

Verborgene Schätze entdecken

Privatleben und Beruf: zwei verschiedene Welten, die nicht immer gut zusammenpassen. Sicher ist diese Anschauung oft richtig. Eines haben die beiden Welten allerdings gemeinsam: Sie bewegen sich in ihnen. Grund genug, Ihre privaten Kontakte in Ihr berufliches Netzwerk einzubeziehen. Was ist mit Ihrer Familie? Würzen Sie langweilige Familienfeiern doch einfach mal mit etwas Beruflichem und fragen Sie den entfernten Cousin, ob Sie ihm mit Ihren Erfahrungen nützlich sein können. Und wissen Sie überhaupt, welche interessanten Menschen er möglicherweise in seinem Netzwerk hat? Ich habe neulich eine alte Studienkollegin getroffen und von ihr einen wertvollen Tipp bekommen, wen ich fragen kann, wenn es um die aktuelle Entwicklung in einer ganz bestimmten Branche geht. Sie sorgt jetzt dafür, dass der Kontakt zustande kommt. Treiben Sie Sport? Jammern Sie beim anschließenden Bier nicht nur über Ihren Chef und die langen Arbeitszeiten. Reden Sie lieber darüber, was Sie zu bieten haben und wie Sie einander unterstützen können.

Netzwerken statt anbiedern

Wenn sie nicht gerade freiberuflicher Einzelkämpfer sind, dann brauchen Sie in Ihrem Netzwerk auch gute interne Partner, um in den offiziellen und inoffiziellen Informationsfluss eingebunden zu sein. Ideal ist es, wenn Sie sofort damit beginnen, zum Beispiel wenn Sie einen neuen Job annehmen. Aber verstehen Sie Netzwerken richtig: Es geht nicht darum, allseits beliebt zu sein. Bloß nicht! Wer allen gefallen will, muss sein Fähnchen nach dem Wind hängen und wird damit zu einem Unsicherheitsfaktor. Keiner weiß, wofür Sie wirklich stehen. Das macht Sie eher zu einem wackeligen Kandidaten für das Netzwerk anderer. Schließlich wollen Sie doch Profil zeigen! Und dazu gehört auch, dass Sie eine eigene Meinung haben und zu ihr stehen. Nehmen Sie das »Projekt Netzwerk« also systematisch und überlegt in Angriff.

Kandidaten für das interne berufliche Netzwerk

»Mit dem musst du dich gut stellen. Der ist so etwas wie die graue Eminenz der Firma.« Wenn Sie das zu hören bekommen, sollten Sie sich die betreffende Person einmal genau ansehen und sich um guten Kontakt bemühen. Lassen Sie sich auch nicht davon leiten, ob Ihnen jemand sympathisch oder unsympathisch ist, denn Sie sollen die Kollegen ja nicht heiraten oder enge Freundschaften schließen. Es geht darum, sich gegenseitig nützlich zu sein. Und daraus kann bisweilen sogar Sympathie entstehen.

Kandidatenkür

Wer kommt noch in Frage? Hier eine kleine Auswahl, die Sie inspirieren soll, in Ihrer Firma auf die Suche zu gehen:

- Die Chefsekretärin und Assistentinnen der anderen Führungskräfte, mit denen Sie zusammenarbeiten – sie verhelfen Ihnen schnell zu Terminen und können für Ihren guten Ruf sorgen, wenn sie ihrem Chef gegenüber erwähnen, wie nett und hilfsbereit Sie sind.
- Der Haustechniker – wer mit ihm gutsteht, bekommt unerwartet schnell Hilfe, wenn mal angepackt werden muss oder die Technik streikt.
- Ein kompetentes Mitglied der IT-Abteilung – Computerabsturz! Und in der EDV ist mal wieder keiner zuständig? Gut, wenn Sie einen der Kollegen in Ihrem Netzwerk haben.
- Ihr Chef oder Ihre Chefin – wer es schafft, den eigenen Vorgesetzten in sein soziales Netzwerk aufzunehmen, kann sich glücklich schätzen. Nein, Sie sollen nicht zum »Schleimer« werden. Finden Sie einfach Gemeinsamkeiten oder etwas, was nur Sie für den Chef tun können.

Als ich noch in einem Konzern tätig war, hatte ich einen Kollegen, der ab und zu im Morgengrauen zum Fischmarkt fuhr und zu guten Konditionen Shrimps und andere Leckereien mitbrachte. Der Geschäftsführer gehörte zu seinen eifrigsten Abnehmern. Und so hatte er den Kollegen auch immer im Kopf, wenn es um interessante Informationen oder Aufgaben ging. Jedenfalls wurde dieser auch zu Meetings eingeladen, in denen er eigentlich nichts zu suchen hatte. Muss ich noch erwähnen, dass er einer der am besten informierten Menschen im Unternehmen war?

Anleitung fürs Netzwerke-Knüpfen

Knüpfen Sie Kontakte, bevor Sie sie brauchen. Nur ein stabiles Netzwerk kann Sie auffangen, wenn es einmal hart auf hart kommt.

Wer passt zum Ziel?

Maren möchte erreichen, dass sie wieder in den Informationsfluss ihres Ingenieurbüros einbezogen wird. Sie möchte auch wieder bei Projekten berücksichtigt werden. Und sie überlegt genau, wer für sie in diesem Zusammenhang wichtig sein kann. Da ist zunächst ihr Chef Uwe, an den sie am besten herankommt, wenn sie einen guten Kontakt zu seiner Sekretärin Mareike hat. Dann ist da noch Manfred, ein Ingenieurkollege, der von allen geachtet wird und der hinter den Kulissen viel mitentscheidet. Und Susi, die technische Zeichnerin, die als interne Dienstleisterin von allen Angestellten in Anspruch genommen wird und bei der viele, auch inoffizielle, Informationen zusammenlaufen. Mit Manfred und Mareike hatte Maren bisher nicht viel Kontakt. Und die Gespräche mit ihrem Chef beschränken sich normalerweise auf den Austausch knapper Informationen zur aktuellen Problemstellung. »Wie stelle ich das bloß an, die drei in mein Netzwerk zu holen?«, fragt sich Maren.

Das Fundament eines guten Netzwerkes besteht darin, den anderen als Menschen und nicht als Lieferant von Vorteilen zu sehen. Und das funktioniert nicht ohne gute Kommunikation.

Wir alle finden Menschen sympathisch, die sich für uns interessieren und mit denen wir etwas gemeinsam haben. Das bedeutet konkret:

Interesse zeigen und Gemeinsamkeiten finden

- Schaffen Sie eine gute Atmosphäre im Gespräch, indem Sie sich für Ihr Gegenüber interessieren.
- Stellen Sie offene Fragen und hören Sie aufmerksam zu.
- Halten sie Blickkontakt.
- Lächeln Sie.
- Finden Sie Gemeinsamkeiten, zum Beispiel gleiche Interessen, Urlaubsziele, Haustiere, Sport, Musik.

Je nützlicher jemand ist, desto bekannter und geschätzter wird er sein und desto eher wird man bereit sein, ihm einen Gefallen zu tun.

Erst geben. Dann nehmen.

- Bieten Sie etwas an, tauschen Sie Wissen aus, ohne Gegenleistung zu verlangen.
- Seien Sie selbstbewusst hilfsbereit (siehe dazu auch Kap. 9).

Wer schüchtern in der Ecke verharrt, wird lange darauf warten, Teil eines Netzwerkes zu werden. Suchen Sie aktiv Kontakt. Üben Sie Small Talk. Und seien Sie offen für andere Menschen – das ist das beste Rezept.

Auf Entdeckungstour

Im Ingenieurbüro hat sich Maren nun vier Personen ausgesucht, die sie in ihr neues Netzwerk holen möchte. Los geht's mit Mareike, der Sekretärin vom Chef. Was kann Maren ihr anbieten? Haben sie beide überhaupt Gemeinsamkeiten? Nachdem sie am Wochenende immer wieder darüber nachgedacht hat, wie ihr erster Schritt aussehen könnte, spricht sie Mareike gleich am Montagmorgen an. »Guten Morgen, Mareike. Du bist ja richtig braun geworden am Wochenende. Sieht toll aus. Was hast du denn gemacht?« »Ich habe mit

meinem Freund eine Fahrradtour gemacht.« Mareike wundert sich zwar über das plötzliche Interesse von Maren, freut sich aber auch über das Kompliment. Sie wechseln noch ein paar Sätze, bevor Maren in ihr Büro geht. Die Information, dass Mareike Fahrradtouren mag und außerdem gern in gemütlichen Landgasthöfen übernachtet, hat sie gespeichert.
Mittags fragt sie Manfred, ob er mit ihr essen gehen möchte. Sie weiß, dass seine Frau gerade dabei ist, sich als Kosmetikerin selbstständig zu machen. »Sag mal Manfred, wie macht sie sich denn bekannt? Hat sie schon daran gedacht, eine Website einzurichten?« Manfred schüttelt den Kopf: »Nee, ist im Moment zu teuer. Und so wichtig ist es ja auch nicht.« »Ja, das kann ich verstehen. Aber wenn sie möchte, kann sie mich gern anrufen. Eine ganz einfache Seite, auf der die wesentlichen Dinge stehen, kann ich ihr schnell basteln. Und du lädst mich dann mal zum Eis ein.« Maren lächelt.

Der Anfang ist gemacht und Maren ist auf dem richtigen Weg. Von jetzt an muss sie am Ball bleiben, denn Netzwerke brauchen kontinuierliche Pflege. Dann festigen sie sich mit der Zeit und wachsen weiter. Und noch etwas ist wichtig: Netzwerken Sie auch ruhig mal mit Menschen, die auf den ersten Blick beruflich gar nichts mit Ihnen zu tun haben. Wer weiß, möglicherweise kennt derjenige jemanden, der einen kennt, der mit dem Chef jener bekannten Agentur Tennis spielt. Und er freut sich, dass Sie ihm bei einer ganz kniffligen Steuerfrage weiterhelfen können oder ihm die Telefonnummer eines wirklich guten Anwalts geben. So läuft das.

Klasse statt Masse

Internet-Netzwerke, Visitenkartenpartys und andere Plattformen, die immer wieder zum Austausch angeboten werden, verleiten dazu, wahllos so viele Kontakte wie möglich zu ergattern. Oft erschöpft sich dieser Kontakt im Klick auf eine Website oder im Austausch einiger kurzer Sätze. Sicher sind prall gefüllte Adressbücher und Visitenkartensammlungen imposant. Doch sie sprechen nicht unbedingt für ein gutes Netzwerk. Sie sollten einen guten Überblick über Ihre Netzwerkpartner haben und wissen, was sie tun und was sie brauchen. Nur dann können Sie wirklich nützliche Informationen weitergeben und hilfreiche Empfehlungen aussprechen. Ich bin zwar auch in einem Internet-Netzwerk zu finden, doch mein persönliches Netzwerk befindet sich in meinem Kopf. Ich kenne die Mitglieder meines Netzwerkes persönlich und kann darum jeden mit gutem Gewissen weiterempfehlen. Stellen Sie sich vor, Sie raten einem Kollegen zu einem Besuch bei einem Steuerberater, mit dem Sie gerade mal zwei Mails ausgetauscht haben. Ihr Kollege vertraut Ihnen und ist entsetzt, einen unfreundlichen und wenig engagierten Dienstleister vorzufinden. Das ist keine gute Referenz. Ein zweites Mal wird der Kollege Ihnen nicht so ohne Weiteres vertrauen. Ich empfehle nur Menschen, die ich auch persönlich kenne. Das kostet Zeit, und genau das macht die Qualität eines Netzwerkes aus. Investieren Sie diese Zeit. Sie ist nicht verloren. Denn der beste Eindruck ist immer noch der persönliche. Ich kenne da übrigens eine wirklich gute PR-Fachfrau, und wenn Sie einen Schreiner in Hamburg suchen ...

Die Clique

Zusätzlich zum Netzwerk, das eher locker zum gegenseitigen Nutzen besteht und gepflegt wird, ist es ratsam, lebendige Beziehungen zu wagen, zu pflegen und zu leben. Denn das Netz kann leicht reißen, wenn es um Sie geht und nicht um Ihre Nützlichkeit.

Sie können nicht alles alleine schaffen. Einzelkämpfertum ist edel, bringt aber nichts. Cliquen, Seilschaften – egal, wie Sie es nennen wollen, sie vermitteln ein Gefühl der Stärke. Selbst wenn alle anderen Stricke reißen – dieses Seil hält vielleicht! Wer braucht nicht ab und zu Verbündete? Wer Freunde in seinem Rücken weiß, kann viel selbstbewusster auftreten.

Freundschaft im Beruf ist ein wichtiger Erfolgsfaktor. Hier ist die Nützlichkeit zweitrangig, vielmehr geht es um gemeinsame Werte, Haltungen, Vertrauen, Loyalität und Charakter, Ideen, Inspiration und Ermutigung. Egoisten haben schlechte Karten. Denn als Teil einer Clique dürfen Sie nicht darauf warten, dass die anderen etwas für Sie tun. Hier ist Ihre Aktivität gefragt.

Manchmal dauert es Jahre, bis sich ein Kontakt als wertvoll entpuppt. Und manchmal wird aus einem Knoten im Netzwerk ein Freund und Verbündeter. In meinem Leben gibt es ein entscheidendes Erlebnis, das mich zu einer überzeugten Netzwerkerin und Verfechterin von freundschaftlichen Cliquen gemacht hat.

Unverhoffte Hilfestellung aus der Vergangenheit

Als Studentin war ich einmal für drei Nächte in Berlin. Ich übernachtete in der Wohngemeinschaft eines Freundes und konnte das Hochbett eines – mir unbekannten – Mitbewohners nutzen, der gerade in den USA war. Neun Jahre später bekam ich das Angebot, eine Position in einem amerikanischen Konzern anzunehmen. Ich war mir unsicher und hätte für meine endgültige Entscheidung gerne von einem Insider mehr darüber erfahren, wie die Arbeitsatmosphäre dort ist und worauf die Geschäftsführung besonders viel Wert legt. Als ich meinem Freund davon erzählte, meinte er: »Ich kenne jemanden, der da arbeitet: Andreas. Du hast sogar mal in seinem Bett geschlafen.« Ich kannte Andreas zwar nicht persönlich, hatte aber einen wunderbaren Aufhänger für meinen Anruf bei ihm: »Hallo Andreas, ich bin Dagmar und habe schon mal in deinem Bett geschlafen. In Berlin, als du in den USA warst.« Wir amüsierten uns über diese skurrile Verbindung und ich bekam alle Informationen, die ich haben wollte. Als ich einige Monate später meine Stelle in der Firma antrat, hatte ich schon einen Verbündeten und Freund.

Egal, wie sich Ihre Clique zusammensetzt und wie sie entstanden ist – wenn sie gut funktioniert, sind Sie nicht allein. Die Clique als Stütze im Berufsalltag beruht vor allem auf gegenseitigem Vertrauen. Jeder muss sich auf jeden verlassen können.

Vettern und Cousinen

Manche nennen diese Form des Zusammenhalts abschätzig Vetternwirtschaft. Wieso eigentlich Vettern? Nun, in der Familie unterstützt man sich doch normalerweise gegenseitig, einfach so. Wenn etwas auftaucht, das den anderen interessieren könnte, oder man hört, dass irgendetwas dem Verwandten schaden könnte, dann wird man ihn informieren oder warnen. So funktioniert auch die Clique. Was ist daran schlecht? Ärgern tun sich doch immer nur diejenigen, die keine Clique im Rücken haben. Also bitte: Schämen Sie sich nicht. Es muss Ihnen nicht peinlich sein, dass Ihre beste Freundin einen Personaler kennt, der Sie zum Vorstellungsgespräch eingeladen hat, obwohl Sie Ihre Bewerbung nicht rechtzeitig geschickt haben. Na und? Verwerflich wird die Geschichte erst, wenn Sie den Job bekommen, obwohl Sie nicht die erforderlichen Qualifikationen mitbringen. Dadurch bekäme die Vetternwirtschaft einen negativen Beigeschmack.

Auch der Begriff Seilschaft passt ganz wunderbar. Wenn mehrere Menschen ein gemeinsames Ziel verfolgen, zum Beispiel die Besteigung eines Gipfels, dann bilden sie eine Seilschaft. Sie sichern sich gegenseitig, und jeder, der einen Schritt nach oben macht, kann sich darauf verlassen, dass das Seil, das ihn mit den anderen verbindet, einen Absturz verhindert.

Egal, ob Sie angestellt sind, als Freiberufler oder als Selbstständiger Ihren Lebensunterhalt verdienen: Mit der Sicherheit einer Seilschaft haben Sie es immer leichter als andere. Also an die Arbeit. Es lohnt sich!

FAZIT

- Knüpfen Sie Kontakte, bevor Sie sie brauchen. Nur ein stabiles Netzwerk kann Sie auffangen, wenn es einmal hart auf hart kommt.
- Auch private Kontakte können das berufliche Netzwerk bereichern.
- Treten Sie in Vorleistung. Bieten Sie Ihr Wissen an und empfehlen Sie andere, ohne sofort eine Gegenleistung zu verlangen.
- Klasse statt Masse: Die Qualität Ihres Netzwerks ist nur so gut wie die persönlichen Kontakte zu Ihren Netzwerkpartnern und das, was jene zu bieten haben.
- Sie brauchen echte Verbündete. Pflegen Sie Ihre Clique und Ihre Seilschaft.
- Schämen Sie sich nicht wegen der Vorteile, die Ihnen das Netzwerken bringt.
- Halten Sie die Netzwerk-Regeln ein. Seien Sie vertrauenswürdig.

9. Die Hilfsbereitschaftsfalle

Eine Gebrauchsanweisung für Hilfe und Grenzen

Hilfsbereitschaft ist eine Schlüsseleigenschaft, die für das zwischenmenschliche Miteinander von großer Bedeutung ist. Sie gilt als wichtige soziale Kompetenz und ist als ein Aspekt von Teamfähigkeit hoch angesehen. Es geht darum, anderen Menschen in schwierigen Situationen zu helfen. Unterstützen Sie Ihre Kollegen. Bieten Sie Ihre Hilfe an. Wer das nicht beherzigt, läuft Gefahr, isoliert zu werden. Gegenseitige Unterstützung motiviert. Und wer anderen hilft, hat eher die Chance, von anderen unterstützt zu werden, wenn er selbst mal Hilfe braucht.

Die Kehrseite

Nicht nur im beruflichen Umfeld kann Hilfsbereitschaft manchmal aber auch zu Überlastung und Überforderung führen. Oder zu Unzufriedenheit, wenn man zwar hilfsbereit sein will, seine eigene Arbeit aber nicht mehr schafft oder im Stillen Anerkennung vermisst. Dazu kommen bisweilen diffus ungute Gefühle bei denen, die Hilfe bekommen.

Entscheidend für den angemessenen Umgang mit Hilfsbereitschaft ist die ihr zugrunde liegende Haltung: Aus welcher Motivation heraus bin ich hilfsbereit? Was erwarte ich? Was will ich damit erreichen?

Hilfsbereitschaft ist eine kostbare menschliche Fähigkeit. Gehen Sie auch am Arbeitsplatz gut damit um!

Mutter Teresa, Al Capone und ein Gönner

Was haben so unterschiedliche Personen wie Mutter Teresa und Al Capone gemeinsam? Sie sind zum Mythos geworden und stehen außerdem für zwei Grundformen der Hilfsbereitschaft.

Mutter Teresa verkörperte die selbstlose christliche Haltung nach dem Motto »Kommt her zu mir, die ihr mühselig und beladen seid.« Sie half dort, wo Armut und Krankheit Hilfe notwendig machten und stellte sich selbst(-los) in den Dienst der anderen.

Die Selbstlose

Tessa ist eine Kollegin, wie jeder sie sich wünscht. Sie ist immer zur Stelle, wenn jemand sie um Hilfe bittet. Und auch ohne Aufforderung springt sie ein, wenn an einem anderen Platz etwas liegen bleibt. Sie fühlt sich wohl, wenn alles gut läuft und die Kollegen zufrieden sind. Und es macht ihr Freude, etwas für andere tun zu können. Inzwischen haben sich ihre Kollegen schon so daran gewöhnt, dass sie enttäuscht sind, wenn Tessa mal nicht sieht, dass sie Hilfe brauchen. Und sie verlassen sich immer häufiger darauf, dass Tessa ohne Murren ihren Urlaub verschiebt, wenn sie sich kurzfristig entscheiden, genau zu dieser Zeit wegzufahren. Sie können auch davon ausgehen, dass Tessa sogar ungeliebte Aufgaben übernimmt, wenn sie sie darum bitten.

Schön blöd? Nein. Tessa ist eine wunderbare Mutter Teresa. Und solange es ihr damit gut geht, ist das auch in Ordnung. Ich kannte einmal so eine Mitarbeiterin. Sie machte einen ausgeglichenen Eindruck, war zuverlässig und glücklich mit ihrer Arbeit. Ihre Kinder waren aus dem Haus und sie freute sich, gebraucht zu werden. Mehr wollte sie gar nicht. Die gemeinsame Arbeit mit den Kollegen machte ihr einfach Spaß.

Al Capone half mit einem Lächeln und einem Revolver, nach dem Motto »Eine Hand wäscht die andere«. Wenn er etwas für jemand anderen tat, dann verpflichtete – oder erpresste – er diese Person gleichzeitig, auch ihm zu helfen, wann immer er es verlangte. Die Gegenleistung war die Bedingung für die Hilfeleistung. Den Al-Capone-Typ gibt es übrigens in zwei Versionen: Typ eins will handfeste Gegenleistung, Typ zwei erwartet Dankbarkeit und Anerkennung – allerdings glücklicherweise nur äußerst selten mit einem Revolver.

Der Erwartungsvolle

Zu Albert kann man immer kommen, wenn man nicht mehr weiterweiß. Er kennt sich mit dem Computerprogramm hervorragend aus, ist schon lange in der Firma und hat eine Menge Erfahrung. Seit einiger Zeit ist er unzufrieden und fühlt sich ausgenutzt. Ständig ist er für die anderen da. Und wenn er mal etwas braucht, dann hilft ihm keiner. Außerdem merkt sein Chef gar nicht, dass er mehr leistet als andere. Albert ist enttäuscht. Schließlich ist er doch so hilfsbereit und steht den Kollegen immer mit Rat und Tat zur Seite. Das müsste doch auch mal gewürdigt werden. Immerhin tut er doch eine ganze Menge für das Team. »Das bringt ja sowieso nichts«, denkt Albert und fragt sich, ob sich seine Hilfsbereitschaft überhaupt lohnt.

Viele Menschen fühlen sich ausgenutzt, wenn sie etwas für andere tun. Sicher ist es wichtig darauf zu achten, dass Hilfsbereitschaft anerkannt wird. Andererseits lohnt es sich, auch die eigenen Motive zu sehen, wenn man sich nicht wie Albert frustriert fühlen will. Denn oft steckt hinter der noblen Hilfsbereitschaft keine Mutter Teresa, sondern ein verkappter Al Capone.

Seit er in dieser Abteilung ist, bemüht sich Albert darum, den Chef auf sich aufmerksam zu machen. Und besonders viel liegt ihm daran, dass seine Kolleginnen und Kollegen ihm wohlgesonnen sind. Hinzu kommt

seine Hoffnung, dass ihm auch geholfen wird, wenn es bei ihm mal eng wird. Dafür ist er auch bereit, einmal länger zu bleiben, wenn eine Kollegin ihn um Hilfe bittet. Seine Ziele: Anerkennung von den Kollegen und die besondere Aufmerksamkeit seines Vorgesetzten.

Ein klarer Fall von Al Capone, Typ zwei, mit einer kleinen Prise Typ eins.

Alles Berechnung?

Diese Art der strategischen Hilfsbereitschaft ist häufig anzutreffen. Viele würden es allerdings weit von sich weisen, nur darum hilfsbereit zu sein, weil sie von den Hilfeempfängern Anerkennung oder Gegenleistungen erwarten. Ja, und woher kommt dann die Enttäuschung, wenn dieser Effekt nicht eintritt? Warum fragt sich Albert, ob sich seine Hilfsbereitschaft lohnt? Ist doch klar: Die erwartete Reaktion bleibt aus!

Keine Sorge. Es ist überhaupt nicht verwerflich, für geleistete Hilfe auch eine Gegenleistung oder Dank zu erwarten. Wichtig ist allerdings, dass Sie sich dieser Erwartung bewusst sind. Dann können Sie die Spielregeln für Ihre Hilfsbereitschaft auch selbstbewusst offenlegen. Sie müssen ja nicht gleich den Revolver zücken wie Al Capone. Da reicht es manchmal schon zu sagen: »Okay, ich bleibe etwas länger und helfe dir. Kannst du mich dann morgen bei der Statistik unterstützen?« oder »Klar helfe ich dir dabei. Dann habe ich aber etwas gut bei dir.«

Der Dritte im Bunde ist der Gönnerhafte. Er sagt: »Sie schaffen das sowieso nicht. Geben Sie mal her« und hilft anderen nach dem Motto: »Ich bin besser, schneller, intelligenter als du«. Seine Hilfsbereitschaft entmündigt und entwertet den anderen. Was als scheinbar selbstlose Unterstützung daherkommt, dient dem Helfer zur Bestätigung seines Selbstwertes. Er braucht das Gefühl, besser zu sein als die anderen. Dann fühlt er sich sicher und wertvoll.

Günther kennt sich aus. Seit zehn Jahren arbeitet er in der Abteilung, daher kann ihm keiner mehr etwas vormachen. Das ist auch der Grund dafür, dass man ihn zum Teamleiter gemacht hat. Selbstverständlich ist er für die Kollegen da, wenn sie eine Frage haben. Meistens nimmt er ihnen die Arbeit dann ab. Es geht sowieso schneller, wenn er es macht. Ehe er alles erklärt hat, kann er schon fertig sein. Oft sieht er, wie sich jemand mit einer Aufgabe quält. Dann zeigt er demjenigen schon mal, wie es richtig geht. Manchmal stört es ihn, dass die Kollegen ihn nicht wirklich zu mögen scheinen. Dabei ist er doch wirklich sehr hilfsbereit! Wer löst denn immer alle schwierigen Fälle? Das ist doch er! Und die Kollegen kommen auch dauernd zu ihm, um zu fragen, wie sie etwas machen sollen. Wo wären sie denn ohne ihn?

Aus der Sicht von Günther klingt das ganz vernünftig. Doch für die Kollegen und für die Abteilung ist sein Verhalten nicht immer hilfreich. Selbstständiges Arbeiten der anderen bremst er aus, indem er sowieso alles besser weiß und es meist auch noch selbst erledigt. Hinzu kommt, dass die Kollegen sich von Günther abfällig behandelt fühlen. Er traut ihnen nichts zu. Das macht ihn nicht unbedingt beliebt. Für die Abteilung kann seine Form der Hilfsbereitschaft fatale Folgen haben. Was ist, wenn er ausfällt? Wer von den wenig selbstbewussten Kollegen traut sich dann noch zu, etwas allein zu können?

Egoistisch, altruistisch oder wie?

Altruismus ist eine wunderbare Eigenschaft. Anderen ohne Wenn und Aber in der Not zu helfen ist wichtig und richtig. Es kann aber auch dazu führen, dass die eigene Leistungsfähigkeit leidet oder man bis zur Selbstaufgabe die Arbeit der anderen erledigt.

Egoismus im Sinne von: »Ich helfe grundsätzlich nicht« kann zur Folge haben, dass man als antisozial, menschenfeindlich oder karrieregeil angesehen wird. Und wer will schon einen solchen Ruf haben! Auch die erpresserische Haltung des Al-Capone-Typs sorgt nicht wirklich für Begeisterung bei Kollegen.

Gönnerhaftes Überfliegerverhalten kann schnell nach hinten losgehen. Denn spätestens wenn ein Kollege darauf besteht, die Aufgabe selbst zu erledigen oder eine bessere Lösung zu haben, wird die Lage brenzlig. Dann muss der herablassende Helfer seine Position verteidigen. Das kann leicht zu Konkurrenzkämpfen oder Schlimmerem führen. Hinzu kommt, dass der Gönnerhafte abhängig davon ist, dass ihm seine Großartigkeit immer wieder bestätigt wird. Auch hier dreht sich das Hamsterrad, wenn er in die Falle »Du kannst das doch am besten« geht.

Wenn Sie vermeiden wollen, mit Ihrer Hilfsbereitschaft sich selbst zu schaden oder bei anderen Irritation oder Ablehnung auszulösen, ist es an der Zeit, sich mit Ihren Motiven auseinanderzusetzen.

Die Falle

Wenn das Wohl des Hilfesuchenden grundsätzlich über das eigene Wohlergehen, die eigene Gesundheit und die eigenen Bedürfnisse gestellt wird, wenn selbst dann noch geholfen wird, wenn Hilfe möglicherweise sogar unsinnig ist, können die Folgen Burn-out oder Depressionen sein. Besonders anfällig sind Menschen, deren verinnerlichtes Ideal lautet: »Du bist nur dann gut, wenn du anderen (Bedürftigen, Schwachen, Kranken, Kleinen, Benachteiligten) hilfst.« Menschen mit diesem Ideal wählen übrigens oft helfende Berufe. Aber nicht nur.

Die Hilfsbereitschaftsfalle steht immer dann bereit, wenn Sie sich Ihrer Motive nicht bewusst sind und immer mehr tun, um Anerkennung und Beachtung zu finden oder um sich und anderen zu beweisen, dass Sie gut sind. Es besteht die Gefahr, dass das Hamsterrad Hilfsbereitschaft Sie dann nicht mehr loslässt und Sie weiterhin alles tun, um den gewünschten Effekt zu erzielen. Wenn dann die Anerkennung ausbleibt, kommt es unweigerlich dazu, dass Sie sich immer häufiger gestresst und ausgenutzt fühlen. Und doch: Das Bedürfnis nach Gesehen-Werden, Dazugehören, nach Lob oder Bewunderung treibt Sie immer wieder zu Höchstleistungen an.

Im Hamsterrad

»Du, Albert, ich bin gerade total im Stress. Ich muss noch diese Auswertung in Excel machen und komme einfach nicht dazu. Kannst du das nicht eben schnell für mich übernehmen? Nachher muss ich nämlich mit meinem Sohn noch zur Kinderärztin und die Tagesarbeit schaffe ich auch kaum noch.« Barbara steht vor Albert und hebt entschuldigend die Arme. Albert seufzt. Gerade hat er einen Auftrag bekommen, der bis heute Abend erledigt sein muss. Und nun auch noch das! Barbara ist eine liebe Kollegin und kommt häufig mit ähnlichen Anliegen zu ihm. Wenn sie so hilflos vor ihm steht, kann er nie Nein sagen. »Na gut. Gib mal her. Ich schiebe das schon irgendwie dazwischen.« »Oh, super. Danke.« Erleichtert zieht Barbara von dannen. Und Albert ruft seine Frau an, um ihr zu sagen, dass es heute spät wird. Die ist gar nicht begeistert. Nachher hat sie einen gestressten Mann auf dem Sofa sitzen, der sich über viel Arbeit beschwert und sich zunehmend schlapp und ausgebrannt fühlt. Und er klagt über Schlafstörungen. Richtig deprimiert kommt er ihr manchmal vor.

»Kannst du mal eben …«

Die Falle ist mal wieder zugeschnappt. Trotz des Drucks eigener Aufgaben übernimmt Albert noch die Arbeit von Barbara. Nett? Ja sicher. Doch wenn erste Stresssymptome auftauchen, wird es höchste Zeit, einmal über die eigenen Grenzen nachzudenken.

Haben Sie schon mal darauf geachtet, wann Sie in die Falle laufen? Die Köder sehen ganz harmlos aus: »Du kannst das doch so gut«, »Ohne dich bin ich verloren«, »Du bist doch meine liebste Kollegin«, »Ich fühle mich so schlecht«. Es ist ein gutes Gefühl, unentbehrlich oder die Liebste zu sein? Klar. Und schon sagen Sie Ja und die Falle schnappt zu.

Harmlose Köder?

Grenzen der Hilfsbereitschaft

Dass das hohe Gut Hilfsbereitschaft auch Grenzen hat, ist für viele Leute nicht unbedingt leicht einzusehen. Schließlich sichert diese Fähigkeit das soziale, psychische und physische Überleben in der Gemeinschaft. Denken Sie nur einmal an die große Spendenbereitschaft, die nicht nur dann offenkundig wird, wenn Folgen von Katastrophen gelindert werden müssen. Und wenn ein Mensch zu ertrinken droht, gibt es glücklicherweise meist einen anderen, der hinterherspringt, um ihn zu retten.

Womit wir bei den Grenzen angekommen sind. Denn was ist, wenn der Retter nicht schwimmen kann? Er ertrinkt beim Versuch, den Ertrinkenden zu retten. Dumm gelaufen. Oder vielleicht doch nicht? Ein Freund sagte einmal zu mir: »Wenn es um einen mir sehr nahe stehenden Menschen geht, springe ich auch, wenn ich nicht schwimmen kann. Dann ist er nicht allein.« Das ist Altruismus und Liebe und sehr anrührend.

Wenn Nichtschwimmer Ertrinkende retten

Doch zurück zum Berufsalltag. Auch hier gibt es bisweilen Nichtschwimmer, die Ertrinkende retten wollen. Wie im Fall von Albert, der mit seinem Gefühl der Depression schon erste Anzeichen von Stress und Burn-out zeigt. Wenn er Barbara hilft, muss er länger arbeiten, um auch seine eigene Arbeit noch zu schaffen – auch auf die Gefahr hin, selbst zum Ertrinkenden zu werden. Und dann kann er niemandem mehr helfen.

Ausgebrannt?

Denn mit Burn-out ist nicht zu spaßen. Es gibt unzählige Fälle von ausgebrannten Berufstätigen, die lange Zeit nicht arbeitsfähig sind. Burn-out ist eine innerliche Erschöpfung, die meist durch großen Druck, verbunden mit geringer Wertschätzung oder Erfolglosigkeit erzeugt wird. Schlafstörungen, Hoffnungslosigkeit und Verspannungen sind erste Anzeichen, die sich zu Depression, Verzweiflung oder einem Gefühl von Sinnlosigkeit entwickeln können. Ganz zu schweigen von psychosomatischen Erkrankungen. Begünstigende Faktoren sind unter anderen Perfektionismus und Hilfsbereitschaft, die über ihre Kräfte geht. Der Druck kommt also nicht unbedingt immer von außen. Sie können ihn sich auch selbst machen.

Allzeit bereit

Manche Menschen haben so feine Antennen, dass sie bereits bei fragenden Blicken herbeieilen und ihre Hilfe anbieten. Jedes noch so schwache Signal fangen sie auf und interpretieren es als Aufforderung zur Hilfeleistung. Sie sind »immer für andere da«, und im Zweifelsfall »dankt es ihnen niemand«, klagen sie.

Kein Wunder! Denn oft ist die ungefragte Hilfe gar nicht willkommen. Oder die Kollegen haben sich bereits so daran gewöhnt, dass es nur auffällt, wenn die gewohnte Hilfsbereitschaft ausbleibt. Und nicht zu vergessen: das ungute Gefühl der Hilfeempfänger, wenn sie sich unterschwellig zur Dankbarkeit verpflichtet fühlen. Dabei haben sie doch gar nicht um Hilfe gebeten!

Gründe genug, um über Grenzen nachzudenken. Sie können gern hilfsbereit und freundlich sein, aber Sie müssen trotzdem nicht immer alles tun, was andere von Ihnen erwarten.

Selbstbewusst über Ja oder Nein entscheiden

Grenzen wahren

Befürchten Sie, nicht anerkannt zu werden, wenn Sie auch mal Nein sagen? Dann gehen Sie in Ihrem Umfeld mal auf die Suche nach Menschen, die anerkannt sind. Bestimmt finden Sie unter ihnen nicht nur den selbstlosen Helfertyp. Wertschätzung wird denjenigen entgegengebracht, die Persönlichkeit und eine souveräne Ausstrahlung haben. Wer selbstbewusst ist, kann auch einmal Nein sagen. Wer immer nur Ja sagt, gerät in Verdacht, leicht beeinflussbar und willenlos zu sein. Wer aber selbstbewusst seine Grenzen wahrt und klar Ja oder Nein sagt, der zeigt, dass er sich nicht wahllos vor jeden Karren spannen lässt. Seine Unterstützung ist besonders wertvoll, weil er sie nur dann gibt, wenn er sich voll einbringen kann und nicht nur mit halber Kraft für den anderen da ist. Und genau dann kann man aus der Wertschätzung durch andere neue Kraft schöpfen. Klingt gut, oder?

Wer seine eigenen Grenzen anerkennt, kann auch souverän zu seinem Nein stehen. Voraussetzung dafür ist es, sich selbst und die eigenen Ziele zu schätzen und ernst zu nehmen. Dann fällt es leicht, auch den anderen etwas zu geben, ohne auszubrennen oder sich ausgenutzt zu fühlen.

Was Sie dafür brauchen:

- Überblick über Ihre eigenen Arbeitsaufgaben,
- Prioritäten,

- Tages- und Wochenziele,
- geplante Erholungspausen
- und ein Gespür für Ihre Grenzen.

Kommunikatives Handwerkszeug für Abgrenzung

Albert führt am Abend noch ein langes Gespräch mit seiner Frau. Dabei geht es um Zeit für die Familie, Gesundheit und Zufriedenheit. »So geht es nicht weiter«, beschließt er. Er möchte von nun an besser auf sich aufpassen und auch mal eine Bitte um Hilfe ablehnen. Obwohl er da auch große Bedenken hat. Wird es Widerstand geben? Ablehnung? Werden die Kollegen ihn für egoistisch halten?

Das sozialverträgliche Nein

Oft sind diese Befürchtungen unberechtigt. Allerdings kommt es darauf an, wie Sie sich abgrenzen und auf welche Art Sie Nein sagen. Die folgenden Tipps können Ihnen dabei helfen:

1. Zeigen Sie auf jeden Fall Verständnis und Interesse für die Situation des um Hilfe Bittenden.
2. Zeigen Sie Alternativen und Auswege auf.
3. Wenn Sie einen guten Zeitplan haben, können Sie selbstbewusst sagen: »Heute geht es nicht. Mein Bericht muss am Abend fertig sein. Morgen Nachmittag (Freitag, in einer Woche, zwischen 16 und 17 Uhr) nehme ich mir gern Zeit für dich.«
4. Empfehlen Sie Experten: »Das kann ich dir leider nicht abnehmen. Frag doch Joachim, der hat das schon öfter gemacht und kennt sich damit gut aus.«
5. Helfen Sie zur Selbsthilfe: »Was genau schaffst du denn nicht?«, »Wie hast du es denn bisher gemacht?«, »Wie würdest du es machen?«, »Was brauchst du, um es allein zu schaffen?«, »Wer kann dich sonst noch unterstützen?«.

6. Wenn Sie Zeit haben, sagen Sie Ja. Nur dann!
7. Wenn Sie keine Zeit haben, der andere wirklich in Not ist und keine der von Ihnen gebotenen Alternativen machbar ist, sprechen Sie darüber, wie sie beide sich organisieren können: »Okay. Ich brauche noch Kopien für das Meeting um 17 Uhr. Machst du sie bitte, während ich dein Problem löse?«, »Ich will diese Woche unbedingt noch zum Optiker. Wenn ich heute länger bleibe, übernimmst du dann bitte meinen Dienst morgen Abend?«

»Al Capone light«

Selbstbewusst hilfsbereit statt ängstlich beflissen heißt die Devise. Und wenn dann Angriffe kommen? Oder Widerspruch? Dann zeigen Sie Verständnis und bleiben bei Ihrer Entscheidung. Sie sind ebenso viel wert wie die bittende Kollegin. Und Sie haben ein Recht darauf, Ihre Ziele zu verfolgen. Bleiben Sie dabei jedoch immer höflich, nett und freundlich, erklären Sie, warum Sie gerade nicht helfen können und verhalten Sie sich wertschätzend. Dann werden Sie ebenfalls akzeptiert und wertgeschätzt.

Selbstbewusst hilfsbereit

Zaghaft klopft es an Alberts Türrahmen. »Hast du mal eine Minute?« Alex kommt zögernd in den Raum. »Eine Minute habe ich. Klar. Worum geht es denn?« Albert blickt Alex fragend an. »Ich brauche dringend deine Hilfe. Ich soll eine Auswertung machen und habe keine Ahnung, wie ich das so schnell hinkriegen soll. Du kennst dich doch so gut aus. Ich wollte dich fragen, ob du mir helfen kannst.« »Hm«, Albert überlegt und schaut in seinen Kalender. »Heute habe ich gar keine Zeit. Und morgen bin ich den ganzen Tag in einer Schulung. Was genau willst du machen? Und wofür?« Alex erklärt die Aufgabenstellung und fügt hinzu, dass er am Ende der Woche damit fertig sein will. »Puh, tut mir leid, dass ich dir gerade nicht helfen kann. Wenn du den Abgabetermin verschiebst, plane ich Montag eine Stunde oder zwei für dich ein, in der ich die Sache mit dir durchgehe. Und wenn es eher sein muss, frag doch mal Barbara. Die hat neulich eine ähnliche Auswertung gemacht.«

Albert hat ein Angebot und einen Alternativvorschlag gemacht. Finden Sie nicht auch, dass er souverän, freundlich und zugewandt wirkt? Und er hat seine Grenzen gewahrt. Keine Rede davon, dass er seine Arbeit beiseitelegt, um dem Kollegen sofort zur Verfügung zu stehen. Alex kann nun entweder Barbara fragen oder versuchen, den Abgabetermin zu verschieben.

Und was ist mit Günther, dem Gönnerhaften? Normalerweise springt er sofort darauf an, wenn jemand erwähnt, dass er Schwierigkeiten hat, einen Vorgang zu bearbeiten oder einen problematischen Kunden anzurufen. Mit seiner Mischung aus Hilfsbereitschaft und Grandiosität powert er sich regelmäßig aus.

Günther leidet zunehmend darunter, dass seine Kollegen scheinbar ungern mit ihm Kontakt aufnehmen. Ein Freund weist ihn behutsam darauf hin, dass sie ihn möglicherweise arrogant finden, weil er immer wieder beweisen muss, dass er alles besser kann. »Zeige Interesse an ihnen, frag sie, was sie brauchen und nimm ihnen nicht alles gleich aus der Hand. Das ist auch hilfsbereit, und außerdem hast du dann auch mal früher Zeit, um mit mir um den See zu laufen, solange es noch hell ist. Das ist ja nicht mehr auszuhalten mit deinen vielen Überstunden.«
Versuch macht klug. Günther nimmt sich vor, es zumindest mal auszuprobieren. Die Hinweise seines Freundes haben ihm schon oft weitergeholfen. Am nächsten Tag sieht Günther seinen Kollegen Dennis stöhnend am PC sitzen. »Was ist los? Probleme?«, fragt er. Dennis sieht hoch und antwortet reserviert: »Ja, ich komme mit dem neuen Programm nicht klar und kämpfe mich gerade durch die Hilfetexte.« »Oh je, das ist sicher ziemlich nervig. Dann lasse ich dich lieber mal in Ruhe, damit du dich weiter konzentrieren kannst.« Dennis guckt ihm erstaunt nach, als

Günther sich umdreht und an seinen Schreibtisch geht. »So was! Normalerweise schwallt der mich doch immer gleich voll und sagt, wie ich es machen muss. Oder er will mir unbedingt erklären, was ich wie zu tun habe.« Er ist angenehm überrascht.

Am selben Tag kommt Lisa zu Günther, um ihn zu fragen, wie sie mit einem Problemfall umgehen kann. »Du hattest doch auch mal so einen Fall. Kannst du mir vielleicht helfen?« »Was genau möchtest du wissen?« Lisa beschreibt ausführlich das Problem. »Und wie würdest du spontan entscheiden?« Lisa hat eine Idee, ist aber unsicher. Außerdem wundert sie sich. Günther ist doch sonst immer so überheblich. Und nun zeigt er plötzlich Interesse? Was ist denn mit dem los? »Ich mache dir einen Vorschlag, Lisa. Deine Idee klingt gut. Fang doch mal an und wenn du dann noch eine konkrete Frage hast, dann ruf mich gern an.« Günther ist an diesem Abend ziemlich stolz auf sich. Er hat seine Arbeit vom Tisch und es ist ihm zweimal gelungen, sich zurückzuhalten, ohne die Kollegen vor den Kopf zu stoßen.

Kollegiale Hilfsbereitschaft ohne Abwertung

Günther hat innerlich Nein gesagt oder besser: Ja gesagt zu seiner neuen Strategie. Und er hat die Grenzen der Kollegen nicht überschritten. Denn aufgedrängte Hilfe kann grenzverletzend sein. Wer den anderen fragt, ob und welche Art Unterstützung er braucht, ist höflich und wertschätzend. Und erspart sich eventuell zusätzliche Arbeit.

Die Retterfalle

In die Retterfalle tappen Mutter-Teresa-Typen genau wie die anderen. Sie lauert überall dort, wo eine Person sich schlecht behandelt fühlt oder Ärger mit einer anderen Person hat und sich Hilfe suchend an einen Dritten wendet. Hier ist Vorsicht geboten.

Helge ist stellvertretender Abteilungsleiter. Da kommt es schon mal vor, dass sich Kollegen an ihn wenden, wenn sie sich über einen anderen beschweren wollen. »Du, Helge, wir müssen da mal was loswerden.« In der Mittagspause sprechen ihn Anja und Marko an. »Mit Katja geht das so nicht weiter. Kannst du nicht mal mit ihr sprechen? Wir schaffen regelmäßig unsere Arbeit nicht, weil sie nicht schnell genug ist. Und wenn sie dann etwas abliefert, dann hat sie nicht sorgfältig genug gearbeitet und wir müssen nachbessern. Dabei wissen wir selbst schon gar nicht mehr, wo uns vor lauter Arbeit der Kopf steht!« Helge hört sich die Klagen der beiden an und verspricht, sich der Sache anzunehmen. Nach der Pause ruft er Katja zu sich. Er schildert die Probleme der anderen Kollegen und sagt ihr, dass er künftig schnellere und korrektere Arbeit von ihr erwarte. »Bitte streng dich mal etwas mehr an. Sonst komme ich nicht daran vorbei, der Chefin davon zu erzählen.«

Mach das mal klar für uns!

So weit, so gut. Da hat einer Verantwortung übernommen und möchte Kollegen helfen, damit sie sich nicht mehr überlastet fühlen und ihre Aufgaben besser bewältigen können. Und irgendwie ist es doch auch fair, das erst einmal so zu besprechen, anstatt gleich zur Chefin zu rennen. Oder?

Am nächsten Morgen stehen außer Marko und Anja auch noch zwei weitere Kollegen vor Helge. »Weißt du, dass Katja gestern völlig aufgelöst war und geheult hat? So kannst du doch nicht mit ihr umgehen! Das ist doch total überzogen.«

Und plötzlich ist man Opfer …

Helge versteht die Welt nicht mehr. Er wollte doch nur helfen und ist unversehens selbst in die Schusslinie geraten. So schnell kann man vom Retter zum Opfer werden. Oder von der Täterin zum Opfer, wie es Katja geschehen ist. Was ist passiert? Die Beteiligten spielen Drama-Dreieck. Die beteiligten Rollen sind Opfer (Anja und Marko), Täter (Katja) und Retter (Helge).

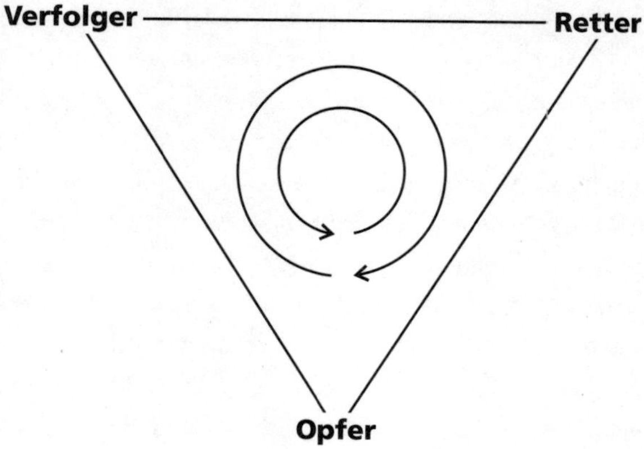

Im Verlauf des Spiels wechseln die Spieler die Rollen. So fühlt sich Helge nun plötzlich als Opfer den Vorwürfen der Kollegen ausgesetzt. Diese hingegen haben sich selbst zu Rettern von Katja ernannt, was sie wiederum zu Verfolgern von Helge macht. Ein Kreislauf, der endlos werden kann. Wenn es zu diesem Rollenkarussell kommt, dann verlieren die Akteure schnell den Überblick. Am Ende weiß keiner mehr so genau, wie es eigentlich angefangen hat. Jemand anderer hätte ja Katja auch als Opfer der Vorwürfe von Anja und Marko sehen können. Und so weiter.

Ein Drama-Dreieck entsteht auch, wenn man jemandem ungefragt zu Hilfe eilt. Erinnern Sie sich an den gönnerhaften Günther? Er rettet andere, indem er für sie die Arbeit macht. Dabei wird er zum Opfer ihrer Ablehnung und schafft Opfer, indem er dem anderen zeigt, dass er nicht allein klarkommen würde.

Aussteigen!

Sorgen Sie gut für sich und die anderen: Steigen Sie aus, sobald Sie das Karussell erkennen. Besser noch: Steigen Sie gar nicht erst ein. Nehmen Sie die Retterrolle nicht an. Sie helfen weder sich noch dem vermeintlichen Opfer.

Und so vermeiden Sie die verzwickte Dreiecksgeschichte:

- Ist das Ihr Problem? Überlegen Sie genau, bevor Sie Verantwortung für andere übernehmen.
- Fragen Sie sich, ob Sie als Retter wirklich gebraucht werden.
- Konzentrieren Sie sich auf Ihre Aufgaben und trauen Sie dem anderen zu, sich selbst zu helfen.
- Stellen Sie Fragen statt Lösungen vorzugeben.
- Hören Sie zu und helfen Sie dem anderen, die Lösung selbst zu finden und sein Selbstvertrauen zu stärken.
- Mindestens 50 Prozent der Energie und Aktivitäten zur Problemlösung müssen beim anderen liegen.

Die Alternative zu Helges Einstieg in die Retterrolle und damit ins Drama-Dreieck ist kurz und knapp ...

Abgrenzung

»Bitte sprecht Katja selbst darauf an, wenn Ihr ein Problem mit ihr habt. Ich möchte mich da nicht einmischen.«

... oder etwas ausführlicher:

Hilfe zur Selbsthilfe

»Was habt Ihr denn bisher mit Katja besprochen? Wie könntet Ihr ihr zeigen, dass Ihr Schwierigkeiten mit ihrer Arbeitsweise habt? Welche Unterstützung könntet Ihr Katja geben, damit sie besser mit ihrer Arbeit zurechtkommt?«

Um Hilfe bitten und Hilfe annehmen

Bisher habe ich mich mit der Helferseite beschäftigt. Und was ist, wenn Sie selbst einmal Hilfe brauchen? Worauf sollten Sie achten, wenn Sie Hilfe annehmen?

Bitten Sie selbstbewusst um Hilfe und verlangen Sie sie nicht.

Bitte

Erwarten Sie auch nicht, dass jemand doch sehen muss, dass Sie Hilfe brauchen. Sie machen sich damit zum Opfer im Sinne des Drama-Dreiecks, wenn dann die Hilfe nicht kommt und niemand auf Ihr Stöhnen reagiert. Außerdem laden Sie damit »Retter« ins Karussell ein. Oder Sie geraten möglicherweise an den gönnerhaften Helfertyp. Das wiederum kann dazu führen, dass Sie sich klein und unsicher fühlen, wenn er Ihnen zeigt, wie toll er ist.

Das brauchen Sie zum selbstbewussten Hilferuf:

- Eine klare Vorstellung davon, was genau der andere für Sie tun kann: Was können Sie selbst und wofür brauchen Sie welche Art von Unterstützung?
- Wertschätzung der Zeit und Energie des anderen: Fragen Sie, ob der Angesprochene Zeit für Sie hat. Bieten Sie möglicherweise Unterstützung für seine Aufgaben an, während er mit Ihren Problemen beschäftigt ist.
- Gestehen Sie dem anderen ein Nein zu und halten Sie Plan B bereit. Wer kann sonst noch helfen?

Eine gute Balance von Geben und Nehmen ist ein wesent-

Danke

licher Grundpfeiler der Zusammenarbeit. Wer Hilfe empfängt, darf sie nicht als selbstverständlich ansehen. Schließlich hat der Kollege Ihnen mindestens seine Zeit geschenkt, dazu noch sein Wissen und sein Interesse. Vergessen Sie nicht, ihm zu danken. Auch eine Person, die dauernd hilfsbereit ist, freut sich, wenn ihre Bemühungen anerkannt werden. Und damit Ihr Dank auch gut ankommt, hier ein Tipp: Es kann passieren, dass Sie Danke sagen und der andere den Dank nach dem Motto »Das ist doch selbstverständlich« zurückweist. Jetzt bloß nicht daraus schließen, dass Sie zukünftig nicht mehr »Danke« sagen müssen. Stehen Sie zu Ihrem Dank und antworten Sie: »Ich fand das nicht selbstverständlich und Ihre Hilfe hat mich wirklich sehr entlastet. Dafür danke ich Ihnen.« Dank ist übrigens viel nachhaltiger, wenn Sie nicht einfach nur »Danke« sagen, sondern auch dazu erwähnen, was die Hilfe bei Ihnen bewirkt hat: ein gutes Gefühl, Zeitersparnis, zufriedene Kunden, schnellen Projektverlauf oder bessere Qualität. Dann kommt Ihr Dank wirklich an.

FAZIT

- Hilfsbereitschaft ist ein hohes Gut. Gehen Sie gut damit um.
- Lieber selbstbewusst hilfsbereit als ängstlich beflissen sein.
- Hilfsbereitschaft ist ein Geben und Nehmen und braucht gegenseitige Wertschätzung.
- Nichtschwimmer können keinen Ertrinkenden retten. Wer für sich selbst sorgt und auf seine Grenzen achtet, hilft sich und anderen.

10. Tue Gutes und sprich darüber

Vom Einsatz und Nutzen der »großen Klappe«

Tue Gutes, dann wird es schon erkannt?

Anne ist eine gute Sachbearbeiterin. Ihre Fälle hat sie meistens schneller als die anderen vom Tisch, die Kunden äußern sich zufrieden und ihre Fachkompetenz baut sie kontinuierlich aus, indem sie viel Fachliteratur liest und auch mal auf eigene Faust Seminare besucht. So gut wie sie ist, wird das sicher anerkannt werden. Anne möchte gern Teamleiterin werden und wartet darauf, dass ihr diese Position angeboten wird. Allerdings macht es ihr große Sorgen, dass in letzter Zeit immer häufiger Victorias Name genannt wird, wenn es um die Beförderung geht. »Warum eigentlich Victoria? Die ist doch nicht besser als ich. Aber so, wie sie redet, könnte man meinen, sie sei der Star hier in der Abteilung«, beklagt sich Anne bei einem Kollegen. »Ich weiß ja, dass ich gut bin. Das muss der Chef doch auch sehen!«

Das tut er möglicherweise auch. Doch Wissen, Kompetenz und gute Leistung sind selbstverständlich. Sonst wäre Anne nicht die Richtige für ihren Job. Was wirklich zählt, ist aber etwas anderes. In der einschlägigen Literatur tauchen immer wieder Verweise auf eine erstaunliche interne Studie bei IBM auf. Untersucht wurde die Frage, woran es liegt, ob Mitarbeiter befördert werden oder nicht. Das Ergebnis: Die Aufstiegschancen im Beruf hängen im Wesentlichen von drei Faktoren ab: 60 Prozent vom Bekanntheitsgrad, 30 Prozent vom Image und nur 10 Prozent von der Leistung. Das würde bedeuten, dass das berufliche Weiterkommen zu 90 Prozent davon bestimmt wird, welchen Eindruck man macht und inwieweit man auffällt und im Unternehmen bekannt ist. Kurz: 90 Prozent Ihrer Karriere hängen davon ab, wie gut Ihre persönliche

Öffentlichkeitsarbeit und Werbung sind. Kaum zu glauben? Nun, selbst wenn Sie davon ausgehen, dass Leistung doch mehr als nur 10 Prozent unseres Erfolges ausmacht, kommen Sie nicht daran vorbei, dass die vorhandenen Qualitäten von anderen erst einmal wahrgenommen werden müssen. Den entscheidenden Unterschied machen also die Fähigkeit zur Kommunikation, das Auftreten und das Image aus. Wer sein Licht unter den Scheffel stellt, wird nicht gesehen. Offenbar hat Victoria keine Schwierigkeiten damit, sich ins rechte Licht zu rücken. Und siehe da: Sie bekommt Aufmerksamkeit.

»Das darf doch nicht wahr sein«, denken Sie? Nun, mir passte das anfangs auch gar nicht. Meine Karriere in der Wirtschaft begann ich mit der Überzeugung, dass allein die Leistung zählt. Wie ich dabei aussehe und was die anderen von mir denken, sollte keine Rolle spielen. Welch ein Irrtum! Ich begann schnell, mich als Opfer böser Intrigen zu wähnen, als ich merkte, dass die kokette Kollegin und der prahlerische Kollege mehr Erfolg bei den Vorgesetzten hatten. Ich konnte die beiden natürlich gar nicht gut leiden. Schließlich taten sie das alles ja nur, um sich einzuschleimen. Immer drängten sie sich in den Vordergrund und lobten ihre Leistungen in den höchsten Tönen. Dabei schaffte ich viel mehr. Nur sah das einfach keiner. Ich war beleidigt.

Bescheidenheit ist keine Zier

Ob Eigenlob nun stinkt oder eher stimmt, das hängt wesentlich davon ab, wie Sie es einsetzen. Ohne Ihre Leistung sichtbar zu machen geht jedenfalls gar nichts, wenn Sie gesehen werden, mitmischen und letztlich auch Erfolg haben wollen. Wer ein positives Image aufbauen möchte, muss eine große Klappe haben, um von sich zu reden und von sich reden zu machen. Denn mit guter PR, das sehen wir täglich in den Medien, bleibt man im Gespräch. Aber bitte nicht den letzten Rettungsanker der B-Promis werfen nach dem Motto: »Auch mit schlechten Nachrichten kommt man in die Presse«. Im Berufsleben zählt ausschließlich das positive Image. Skandale und Pannen können Sie hier nicht gebrauchen.

Wirksame Öffentlichkeitsarbeit

Das Besondere zeigen

Werden Sie Ihr eigener Pressesprecher und bringen Sie sich ins Gespräch. Viele bieten dasselbe an wie Sie, manche besser, manche schlechter. In der Medienwelt erleben wir täglich, dass die Fixierung auf das Besondere den Blick für das Normale blockiert. Das gilt auch für die eigene Öffentlichkeitsarbeit. Zeigen Sie Ihre Stärken und das Besondere an Ihnen. Die beste Leistung ist nichts wert, wenn keiner sie sieht. Und Chefs haben so viel anderes im Kopf, dass sie nicht immer mit hellseherischer Sicherheit erkennen, was sich gerade auf Ihrem Schreibtisch oder bei einem Kundengespräch abspielt. Helfen Sie Ihrem Chef – und anderen – auf die Sprünge. Wer von sich reden macht, sich gut positioniert, wird gesehen und hat Erfolg. Kompetenzen sind austauschbar. Menschen nicht.

Victoria weiß, wie es geht. Sie ist zwar noch nicht so lange in der Firma wie Anne, kennt aber schon viele Leute. Und die kennen sie. Sie ist eine gute Netzwerkerin. Dabei ist sie nicht arrogant oder wichtigtuerisch, im Gegenteil: Die meisten reden mit Wertschätzung von ihr. »Wie macht sie das bloß?«, fragt sich Anne und nimmt sich vor, von Victoria zu lernen.

Gute Idee. Benchmarking heißt das in der Wirtschaft: Von den Besten lernen. Woran erkennen Sie jemanden, vom dem es sich lohnt, zu lernen? Ganz einfach. Auch in Ihrer Organisation, in Ihrer Firma und in Ihrem privaten Umfeld gibt es mindestens eine Victoria oder einen Victor, die selbstbewusst, bekannt und erfolgreich sind. Stempeln Sie sie nicht vorschnell als unsympathisch oder arrogant ab. Bei näherer Betrachtung werden Sie feststellen, dass diese Personen – bis auf diejenigen, die tatsächlich nur protzen, ohne zu leisten – wissen, was sie gut können, stolz darauf sind und Kommunikationschancen nutzen, um ihre Leistungen bekannt zu machen. Und bisweilen kann diese Freude über das eigene Können, die eigene Leistung ansteckend sein – vor allem dann, wenn sie authentisch ist.

Eigene Stärken und Erfolge würdigen

Alles steht und fällt mit Ihrem Selbstbewusstsein. Denn wie sollen andere an Sie glauben, wenn Sie es selbst nicht tun?

Nicht der Rede wert?

Anne sagt zwar immer, dass sie gute Arbeit leistet. Doch wenn man nachfragt, mag sie keine konkreten Beispiele nennen. Im Gegenteil: Sie wertet ihre Erfolge ab, indem sie denkt (und leider sogar manchmal sagt!): »Das ist doch selbstverständlich.« Oder: »Ach, es wäre sicher noch besser geworden, wenn ich mit dem neuen Programm gearbeitet hätte. Aber das war mir zu riskant.« Oder: »Nicht der Rede wert.«

> Ganz anders Victoria. Wenn ihr etwas gelungen ist, dann freut sie sich darüber. Öffentlich. Einfach dadurch, dass sie andere an ihrer Freude teilhaben lässt: »Ich bin froh, dass ich so eine gute Lösung gefunden habe. Immerhin vermeiden wir damit eine Menge zusätzlicher Kosten.« Oder: »Ich gebe allen ein Eis aus! Der Kunde, der gedroht hat, nicht mehr mit uns zu arbeiten, hat sich bei mir für die gute Klärung bedankt und schon wieder einen neuen Auftrag geschickt.«

Erfolg muss man zeigen. Voraussetzung dafür ist allerdings, dass Sie selbst Ihre Erfolge erkennen und würdigen. Warten Sie nicht darauf, dass jemand anders Sie lobt. Tun Sie es selbst. Das fällt Ihnen schwer? Sie haben als Kind oft zu hören bekommen, dass Sie sich nicht vordrängeln sollen? Umso wichtiger ist es, mit kleinen Schritten zu beginnen. Üben Sie Eigenlob und fangen Sie damit »undercover« an. Belohnen Sie sich, jedes Mal, wenn Sie es schaffen. Denn bevor Sie an die Öffentlichkeit gehen, brauchen Sie ein sicheres Gefühl für Ihre Erfolgserlebnisse.

Das persönliche Lob-Buch

Mein Tipp: Kaufen Sie sich ein schönes Notizbuch. Es ist wichtig, dass es Ihnen gefällt und Sie es gern in die Hand nehmen. Nehmen Sie sich jeden Tag, bevor Sie von der Arbeit nach Hause gehen, fünf bis zehn Minuten Zeit und lassen Sie den Arbeitstag in Gedanken an sich vorüberziehen. Überlegen Sie, was Sie geschafft haben, mit wem Sie gesprochen haben und was Ihnen gut gelungen ist. Anschließend schreiben Sie all diese großen und kleinen Erfolgserlebnisse in Ihr persönliches Lob-Buch. Schon nach ein paar Tagen werden Sie merken, dass Sie Ihren guten Leistungen viel mehr Aufmerksamkeit schenken als bisher. Da Sie diese ja später aufschreiben wollen, müssen Sie sie in Erinnerung behalten. Natürlich dürfen Sie auch zwischendurch etwas in das Buch schreiben. Allerdings kann es Ihnen dann passieren, dass ein neugieriger Kollege fragt, was denn das für ein Büchlein ist. Und das geht ihn wirklich gar nichts an. Nach und nach füllt sich das Buch mit Erfolgserlebnissen und Sie können darin blättern, wenn Sie einen kleinen Selbstsicherheitsschub benötigen.

Die ersten Einträge in Annes Lob-Buch sehen so aus:

16. Juni

- Die Buchhaltung überzeugt, einen Mahnstopp für den Kunden Müller zu setzen.
- Mein Vorschlag zur Verbesserung der telefonischen Erreichbarkeit ist von allen akzeptiert worden und wird ab morgen umgesetzt.
- Zum ersten Mal ohne Hilfe einen Papierstau im Kopierer behoben.
- Im Gespräch mit dem aufgebrachten Kollegen aus dem Lager die Ruhe behalten.

Ins Lob-Buch gehört alles, was gut geklappt hat. Doch nicht nur perfekt gelöste Aufgaben sind Eigenlob wert. Auch die kleinen Siege über den inneren Schweinehund oder der Mut, etwas Ungewohntes zu tun. Sie haben gemerkt, dass Sie eine Aufgabe nicht allein bewältigen können und Hilfe benötigen? Gut, dass Sie es rechtzeitig erkannt haben und sogar schon wissen, wer Sie unterstützen kann. Sie sind den ganzen Tag mit unerwarteten Unterbrechungen konfrontiert worden? Toll, dass Sie trotzdem noch so viel geschafft haben. Wenn Sie sich Ihre guten Leistungen ins Gedächtnis rufen, werden Sie automatisch mehr Selbstsicherheit ausstrahlen. Das wiederum hat zur Folge, dass andere, zum Beispiel Ihre Vorgesetzten, Sie positiv sehen und Ihnen mehr zutrauen.

Eine weitere Voraussetzung für ein selbstsicheres Auftreten ist das Bewusstsein über Ihre Fähigkeiten, Stärken und Talente. Im ersten Kapitel haben Sie darüber schon etwas gelesen. Und wenn Sie es bisher noch nicht in Angriff genommen haben: Jetzt ist es an der Zeit, eine Selbstanalyse durchzuführen (siehe Kapitel 1).

Resultate bekannt machen

Sie kennen bestimmt den Spruch »Erfolg macht sexy.« Nun ja, womöglich trifft das zu. Mit Sicherheit macht Erfolg erfolgreich. Allerdings ist dafür nun der zweite Schritt notwendig. Es reicht natürlich nicht aus, die Erfolge nur für sich selbst im stillen Kämmerlein zu würdigen oder den nächsten Kollegen mitzuteilen. Das ist nur der erste – wichtige – Schritt zum Üben. Ernst wird es, wenn Sie damit in die Öffentlichkeit gehen. Schließlich sollen Ihre Vorgesetzten auf Sie aufmerksam werden. Denn von denen möchten Sie gern eine Gehaltserhöhung. Oder zumindest verbale Anerkennung. Von den Chefs hängt es ab, ob Sie weiterkommen oder nicht.

Sichtbarer Erfolg macht erfolgreich

Victoria freut sich immer noch, dass es ihr gelungen ist, einen Kunden zurückzugewinnen. Den Kollegen in ihrem Büro hat sie schon ein Eis ausgegeben. Nun schreibt sie eine Mail an den zuständigen Außendienstmitarbeiter.

Hallo Dirk,
gestern hast Du mich wegen des Kunden Schulze angerufen und mir gesagt, dass er ziemlich unzufrieden ist und womöglich nicht mehr mit uns arbeiten will. Ich habe mir heute die Kundenakte vorgenommen und mal geschaut, was in der Vergangenheit passiert ist. Es gab da ein paar Lieferverzögerungen und eine berechtigte Reklamation. Da ist wohl einiges schief gelaufen. Heute Morgen habe ich Herrn Schulze angerufen, mich entschuldigt und mit ihm darüber gesprochen, was wir tun können, um den Ärger aus der Welt zu schaffen. Das war ein gutes Gespräch! Und am Ende hat er wieder bestellt! Gut, dass ich ihn noch einmal angerufen habe.
Viele Grüße
Victoria

Natürlich geht die Mail in Kopie an Victorias Chef. Der spricht sie auch gleich am nächsten Tag darauf an und gratuliert ihr zu dem Erfolg.

Eine Erfolgsmeldung an den Kollegen mit Kopie an den Chef: So einfach können Sie Erfolge sichtbar machen. Doch scheuen Sie sich nicht, auch im direkten Gespräch auf Ihre guten Leistungen hinzuweisen. Ich kann verstehen, wenn diese Variante bei Ihnen Unwohlsein hervorruft. Flüstert da wieder eine leise Stimme: »Bloß nicht angeben und einschleimen ...«? Recht hat sie, diese Stimme. Denn angeben und sich einschleimen müssen diejenigen, die keine Leistung vorzuweisen haben. Wenn Sie allerdings tatsächlich Gutes getan haben, dann scheuen Sie sich nicht, darüber zu sprechen. Wer sachlich über Tatsachen informiert, ist noch lange kein Prahlhans.

Gute Nachrichten

Victorias Idee vermeidet zusätzliche Kosten. Sie überlegt sich, welche Vorgesetzten betroffen sind oder davon profitieren. Zuerst natürlich ihr eigener Chef. Sie schaut am Morgen in seinem Büro vorbei und fragt ihn, ob er kurz Zeit für eine gute Nachricht hat. »Klar, für gute Nachrichten immer«, meint dieser und guckt erwartungsvoll. Victoria hat seine Aufmerksamkeit geweckt und informiert ihn: »Ich habe eine Lösung gefunden, die das Abteilungsbudget nicht belastet. Was halten Sie davon?« Eine sachliche Information, eine Frage – und der Chef weiß, dass Victoria mitdenkt und aktiv gute Ideen hat.

Anne traut sich nun auch: Als sie zufällig der Marketingchefin begegnet, grüßt sie und sagt: »Gut, dass ich Sie treffe. Sie haben doch über die teilweise schlechte Erreichbarkeit der Sachbearbeiter geklagt. Das hat mir keine Ruhe gelassen und ich habe meinem Chef einen Verbesserungsvorschlag gemacht. Der wird seit gestern umgesetzt. Sie – und vor allem unsere Kunden – können nun viel schneller zu uns durchkommen.« »Gute Nachrichten«, bemerkt die Marketingchefin und behält Anne als lösungsorientierte und kundenfreundliche Mitarbeiterin im Kopf.

-1 Z.

Informieren Sie andere, vor allem Vorgesetzte und Meinungsbildner, über Ihre guten Leistungen und großen und kleinen Erfolge. Das kann beiläufig auf dem Flur geschehen, in einer Besprechung oder per Mail. Bisweilen ist es auch sinnvoll, eine gute Idee oder einen Plan mit einem Vorgesetzten zu besprechen, nach dem Motto: »Ist das möglicherweise eine Idee, die auch für andere nützlich sein kann?« oder »Wen können wir noch einbinden?« oder »Soll ich gleich eine Mail an alle schicken, dass wir ab sofort schon ab 7:30 Uhr erreichbar sind? Oder möchten Sie das selbst machen?«

Reklame mit Fingerspitzengefühl

Wenn Sie Reklame für sich machen, gehen Sie mit Fingerspitzengefühl vor. Tamtam ist gut, solange es nicht in Wichtigtuerei ausartet. Leise Töne schlagen Sie an, wenn Sie in Meetings gezielte und sinnvolle Bemerkungen machen. Chefs sind auch immer dankbar für Zwischenberichte bei längeren Projekten. Und das hilfsbereite Angebot, Ihr Wissen den Kollegen zur Verfügung zu stellen, schadet keinesfalls Ihrem Image!

Wenn Sie erst einmal beginnen, darüber nachzudenken, werden Ihnen viele Gelegenheiten einfallen, bei denen Sie Ihre Resultate sinnvoll veröffentlichen können.

Bekannt wie ein bunter Hund

Ein guter Ruf braucht Bekanntheit. Pflegen Sie also Beziehungen und Kontakte. Ein gutes internes Netzwerk (siehe Kapitel 8) ist schon die halbe Miete. Denn in Ihrem Netzwerk sind Sie bereits bekannt, und wenn Sie es gut pflegen, werden Ihre Netzwerkpartner Sie auch anderen gegenüber erwähnen. Und nichts wirkt überzeugender als eine Empfehlung. Darüber hinaus können Sie selbst noch eine Menge mehr tun, um auf sich aufmerksam zu machen. Je öfter zum Beispiel Menschen einen Namen hören, desto vertrauter wird er. Wiederholungen schaffen eine Präsenz im Kopf. Wie können Sie sich das zunutze machen?

Stellen Sie sich vor! Anstatt monatelang nur mit einem kurzen »Guten Tag« an wichtigen Führungskräften vorbeizugehen, sprechen Sie sie bei einer passenden Gelegenheit an und machen sich bekannt.

Hallo, ich bin der Neue!

Dirk ist als Außendienstler nur selten in der Zentrale. Umso wichtiger ist es, dass er dort auch von anderen als der eigenen Chefin wahrgenommen wird. Heute ist er zu einem Meeting gekommen. Während sich seine Kollegen in der Pause über die viel zu hohen Umsatzziele unterhalten, macht er sich auf den Weg zur Marketingchefin. »Guten Tag, Frau Hauser. Ich bin Dirk Seiler und neu im Vertrieb in Südhessen. Da mir daran liegt, einen guten Kontakt zu Ihrer Abteilung zu haben, möchte ich mich kurz persönlich vorstellen, damit Sie auch ein Gesicht zum Namen haben. Ich stehe übrigens gern für Tests und Kundenbefragungen zur Verfügung.« »Hallo Herr Seiler. Ich habe jetzt wenig Zeit. Trotzdem gut zu wissen, an wen wir uns wenden können, wenn wir ein neues Produkt im Markt testen wollen. Die meisten scheuen ja die Mehrarbeit.« Frau Hauser signalisiert, dass sie das Gespräch nicht ausdehnen möchte und Dirk verabschiedet sich: »Kein Thema für mich, Frau Hauser, ich habe das in meiner vorigen Firma auch oft gemacht und arbeite gern an neuen Ideen mit. Hier ist meine Karte. Ich freue mich auf das erste Projekt mit Ihnen.« Beide verabschieden sich, und am nächsten Tag spricht die Marketingchefin die Verkaufsleiterin auf Dirk an: »Ich habe gestern deinen Neuzugang aus Südhessen kennengelernt, den Dirk Seiler. Da hast du ja einen guten Fang gemacht.«

Sie treffen auf dem Weg zur Tiefgarage den Geschäftsführer? In größeren Unternehmen kennt der oberste Chef vielleicht die Gesichter. Aber wer ihn da auf dem Flur oder im Treppenhaus grüßt, weiß er möglicherweise gar nicht. Statt wie bisher mit einem Kopfnicken oder einem kurzen »Guten Tag« an ihm vorüberzugehen, stellen Sie sich vor.

Werbung im Vorübergehen

Victoria hat sich das zum Prinzip gemacht, nicht nur bei Geschäftsführern. Seit sie vor einem Jahr ins Unternehmen kam, hat sie sich schon mutig vielen Kollegen und Vorgesetzten bekannt gemacht. »Guten Tag, Herr Groß. Ich bin übrigens Victoria Kühn aus der Sachbearbeitung. Schönen Tag noch.« Ihr Mut wird belohnt, denn jeder der so Angesprochenen weiß nun, wer sie ist.

Dieses Prinzip funktioniert natürlich nicht nur in großen Organisationen. Auch in kleineren Firmen kommt es vor, dass in einer Abteilung ein neuer Kollege oder Vorgesetzter anfängt und noch lange nicht alle anderen Kollegen kennt. Indem Sie freundlich auf neue Kollegen zugehen und sich vorstellen, nehmen Sie diesen die Mühe ab und hinterlassen so einen bleibenden Eindruck. Das Sahnehäubchen setzen Sie noch darauf, wenn Sie einem neuen Kollegen anbieten, dass er sich jederzeit an Sie wenden kann, wenn er eine Frage zu Ihrem Spezialgebiet oder einem Ihrer besonderen Talente hat. So prägt sich Ihr Name gleich gemeinsam mit etwas Besonderem ein.

Imagepflege

»Wer nicht wirbt, der stirbt.« Diese Weisheit aus der Welt der Werbung gilt auch im Berufsleben. Neben dem hohen Bekanntheitsgrad spielt das positive Image eine wichtige Rolle.

Wie möchten Sie wahrgenommen werden? Was sollen andere von Ihnen denken? Was wollen Sie damit erreichen? Jede Imagekampagne startet mit einem klaren Ziel. Und die Aktivitäten werden so geplant, dass sie diesem Ziel dienen. Erinnern

Sie sich an die Jägermeister-Kampagne? Früher war Jägermeister ein Schnaps für Männerrunden, Skatbrüder und Stammtische. Mit einer gezielten Werbekampagne wurde erreicht, dass dieselbe Marke heute auch bei jungen Leuten in ist. Ob Sie nun Ihr bestehendes Image verändern oder ein Image schaffen wollen, wenn Sie eine neue Stelle antreten: Sorgen Sie dafür, dass Ihre Maßnahmen zielgerichtet sind. Wer Vorsitzender des Betriebsrates werden will, braucht ein anderes Image als die Anwärterin auf eine Stelle in der Projektleitung.

Also: Wie wollen Sie wahrgenommen werden? Was sollen die anderen von Ihnen denken und sich gegenseitig von Ihnen erzählen?

Hier sind einige Beispiele:

- Ich möchte als jemand gelten, der immer konstruktiv auf Lösungssuche geht.
- Ich möchte mich als Kommunikator bekannt machen, der gut darin ist, andere zusammenzubringen.
- Ich will als zuverlässig und standhaft gelten.
- Alle sollen wissen, dass ich optimistisch und motiviert an schwierige Aufgaben herangehe.
- Ich möchte diejenige sein, die allen sofort einfällt, wenn es darum geht, wer eine schwierige Sitzung leiten soll.

Wohlgemerkt: Hinter einem guten Image sollte nur die Wahrheit stehen. Es geht nicht um Prahlerei, sondern darum, vorhandene Fähigkeiten, Talente und Leistungen bekannt zu machen. Mit leeren Werbeversprechen haben Sie schnell das Image eines Schaumschlägers getreu dem Motto: Große Klappe und nichts dahinter.

Lohnende Aktivitäten

Man muss etwas wagen, wenn man etwas erreichen will. Wenn Sie sich daran machen, in Sachen Imagepflege aktiv zu werden, brauchen Sie Mut. Wer ein positives Image aufbauen will und dafür laut die Werbetrommel rührt, fällt natürlich auf. Klar, das wollen Sie ja auch. Und vielleicht schlummert da immer noch der innere Angsthase, der meint, Sie sollten den Mund nicht zu weit aufreißen. Schließlich sei es doch besser, den Kopf unten zu behalten, dann bekäme man auch nichts drauf. Diese Gefahr besteht natürlich. Wenn Sie sich sichtbar und von sich reden machen, können Sie sich nicht verstecken. Auf der anderen Seite zeigt es sich immer wieder, dass eine große Klappe Anerkennung erfährt und den Weg zum Erfolg ebnet, wenn Kompetenz dahintersteckt.

Pluspunkt wertschätzende Kommunikation

Imagepflege können Sie täglich betreiben. Nutzen Sie Kommunikationschancen, wie zum Beispiel den Flurfunk (siehe Kap. 7), um Ihr Image positiv aufzuladen. Allein schon Ihre Art zu kommunizieren kann Ihnen einen guten Ruf einbringen. Wirkungsvolle Kommunikation ist weniger Technik als Ausdruck einer Grundhaltung. Wer den Ruf hat, sich wirklich für die Anliegen der anderen zu interessieren und gut zuzuhören, wird schnell Sympathiepunkte sammeln. Aufmerksamkeit und Wertschätzung dem Partner gegenüber können Sie allerdings nur zeigen, wenn Sie auch wirklich zuhören und den anderen verstehen wollen. Egoisten und Schwätzer haben in der Regel ein negatives Image, denn sie interessieren sich nicht für andere. Stellen Sie sich konsequent auf Ihre Gesprächspartner ein, halten Sie Blickkontakt und fragen Sie gezielt nach. Sie werden feststellen, dass Ihre Gespräche interessant und kooperativ verlaufen, und Ihre Gesprächspartner werden das mit Sicherheit auch bemerken.

Große Bühne: Besprechungen

Wenn Sie sich an einem Meeting nicht aktiv beteiligen, brauchen Sie gar nicht erst daran teilzunehmen. Sie bekommen zwar Informationen, doch nur wenn Sie auf sich aufmerksam machen, bleiben Sie den anderen Teilnehmern in Erinnerung. Jede Besprechung, in der Sie schweigen, wirkt, als seien Sie nicht da gewesen. Sie erscheinen eventuell sogar arrogant und eingebildet, wenn Sie einfach nur so dasitzen. Wie Sie sich hier präsentieren, ist für die Meinungsbildung von großer Bedeutung.

Mitmischen im Meeting

- Überlegen Sie, welches Thema Sie zur Sprache bringen und welche Vorschläge Sie machen wollen. Haben Sie Erfolge vorzuweisen, über die Sie die anderen informieren wollen?
- Kommen Sie pünktlich und sichern Sie sich einen guten Platz, an dem Sie von allen gesehen werden.
- Begrüßen Sie die nach und nach eintreffenden Kollegen und machen Sie freundlichen Small Talk.
- Schauen Sie den jeweiligen Sprecher aufmerksam an. In den Unterlagen können Sie später blättern.
- Bestätigen Sie Aussagen, deren Meinung Sie teilen, mit eigenen Worten.
- Bringen Sie ein eigenes Thema ein (besonders geeignet für langweilige Ritual-Besprechungen).
- Stellen Sie Verständnisfragen.
- Wenn Sie das Gefühl haben, es geht nicht mehr um das eigentliche Thema, sagen Sie es. Und machen Sie den Vorschlag, wieder zum Kern zu kommen.
- Vertreten Sie Ihren Standpunkt, auch wenn er von dem der anderen abweicht (siehe Kap. 3).
- Sprechen Sie davon, wie es gehen könnte, und nicht darüber, dass es so nicht geht.

- Fallen Sie auf. Wenn Sie sich Gehör verschaffen wollen, dann ziehen Sie sich nicht grau in grau an. Ein leuchtender Farbtupfer (rotes Tuch!) ist ein Hingucker. Sie gehen nicht in der Gruppe unter.

Wer in Meetings positiv Flagge zeigt und sich aktiv in Szene setzt, wird von allen wahrgenommen. Und darum geht es!

Sollten die Besprechungen nicht so viele Gelegenheiten dazu bieten, dann schaffen Sie sich welche: Organisieren Sie Events, mit denen Sie Aufmerksamkeit erregen. Dazu kann schon das Geburtstagsfrühstück gehören, zu dem Sie gewöhnlich nur die allernächsten Kollegen einladen und bei dem es selbst gebackenen Kuchen für alle gibt. Machen Sie es doch einmal anders. Laden Sie auch eine Vorgesetzte aus einer anderen Abteilung ein, mit der Sie vor Kurzem ein gutes Gespräch hatten. Oder Mitglieder Ihres Netzwerks. Das alles darf natürlich nicht allzu lange dauern und sollte in Erinnerung bleiben. Das erreichen Sie zum Beispiel, wenn Sie einen Strauß Blumen, etwa Tulpen, Teerosen o.Ä. mitnehmen und jedem Besucher eine Blüte mitgeben, wenn er wieder an seinen Platz zurückgeht. Sie können auch die Gelegenheit nutzen, allen Anwesenden zu sagen, dass Sie es sehr schätzen, mit ihnen zusammenzuarbeiten und darum auch Ihren Geburtstag gern mit ihnen feiern.

Event-Marketing

Klappern gehört zum Handwerk und es gibt vielfältige Anlässe, die Sie dafür schaffen können.

Anne hat ein Seminar besucht, in dem sie erfahren hat, wie man mit verärgerten Kunden umgeht. Sie fand es sehr interessant und traut sich zu, die wesentlichen Inhalte weiterzugeben. Sie spricht mit ihrem Chef und bietet an, den Azubis und interessierten Kollegen an einem Nachmittag eine Zusammenfassung zu geben. So können auch andere von ihrem Seminarbesuch profitieren. Ihr Vorgesetzter findet die Idee gut.

Und dadurch, dass alle Azubis eingeladen werden, erfahren auch andere Abteilungen und die Personalleiterin von Annes Engagement.

Teilen Sie Ihr Wissen so oft wie möglich mit anderen. Vor allem, wenn Sie an einer Schulung teilgenommen haben, zeigen Sie, dass Sie nicht nur für sich gelernt haben, sondern auch bereit sind, andere an Ihrem neu erworbenen Wissen teilhaben zu lassen: »Seht her, das kann ich jetzt auch« und fördert Ihr gutes Image: »Die denkt ja wirklich mit. Und das Geld für ihr Seminar ist gut angelegt, wenn sie das Gelernte mit anderen teilt.« Welcher Chef schickt so eine Mitarbeiterin nicht gerne noch einmal auf ein Seminar?

Sie haben besondere Talente? Sind Sie Spezialistin für ein bestimmtes Arbeitsgebiet? Sie haben besondere Kenntnisse über ein neues Produkt? Dann laden Sie doch Kollegen, die das interessieren könnte, zu einem Vortrag oder einem Informationsgespräch ein. Spätestens dann weiß jeder, was Sie zusätzlich zu Ihren normalen Aufgaben sonst noch alles können. Und das spricht sich herum!

Hier ist eine Spezialistin!

FAZIT

- Talent und Leistung nutzen nichts, wenn keiner davon weiß.
- Anerkennen und feiern Sie Ihre Erfolge.
- Wenn Sie kein Schaumschläger sein wollen, muss hinter Ihrem guten Image Wahrheit stecken.
- Sorgen Sie dafür, dass alle Sie kennen. Wer auf Öffentlichkeitsarbeit verzichtet, darf sich nicht wundern, wenn man ihn nicht zur Kenntnis nimmt.
- Nutzen Sie Besprechungen zur positiven Selbstdarstellung.
- Organisieren Sie eigene Events.
- Wer nicht wirbt, stirbt.

11. Kein Erfolg? Denn mal los!

Von der Kunst, einen neuen Anlauf zu nehmen

Ihre Reaktion auf Rückschläge und Misserfolge ist nicht nur für Ihr Seelenleben entscheidend. Auch Ihr Umfeld registriert, wie Sie mit gescheiterten Projekten, verlorenen Kunden oder abgelehnten Vorschlägen umgehen. Belohnt werden Zielstrebigkeit und Durchhaltevermögen. Stark ist, wer mit dem Scheitern umgehen kann. Jammernde Verlierer sind nicht gefragt. Das heißt aber nicht, dass Sie nicht auch einmal verlieren können und dürfen. Es geht vielmehr darum, wie produktiv Sie damit umgehen: Produktiv Scheitern ist eine Schlüsselkompetenz.

Schlüssel-kompetenzen

Niemand, der sich vornimmt, mutig mitzumischen und positiv auf sich aufmerksam zu machen, darf sich vormachen, dass es einfach wird. Nicht jedem fällt es leicht, mutig zu sein. Selbstsicherheit ist kein Selbstgänger. Und wenn mal etwas schiefgeht, braucht man ganz schön viel Kraft, um sich wieder aufzurappeln – manchmal möchte man einfach alles hinschmeißen: »Das klappt doch sowieso nicht.«

Während ich dieses Buch schrieb, lief die Fußball-Europameisterschaft. Stellen Sie sich vor, was passieren würde, wenn sich eine Mannschaft nach einem Gegentor mit der Einstellung »Das wird nichts mehr!« über den Platz schleppen würde: Sie würde mit Sicherheit verlieren. Nun, beim Fußball kann man gut beobachten, wie – allen Rückschlägen zum Trotz – immer wieder ein neuer Anlauf genommen wird, um das Ziel doch noch zu erreichen. Manchmal wird ein Spieler ausgewechselt oder die Taktik geändert, mitunter gibt ein trotziges »Jetzt erst recht!« den Spielern neue Kraft.

Spieler auswechseln können Sie natürlich nicht, denn der einzige Spieler sind Sie. Aber Taktiken ändern, neue Anläufe nehmen und die Moral und die Motivation verbessern: Das können Sie auch!

Erfolg macht erfolgreich – Misserfolg macht klug

Fehlschläge sind ärgerlich, und gleichzeitig sind sie nützlich. Natürlich nur, wenn Sie irgendwann einmal damit aufhören, sich zu ärgern, sich zu bedauern oder gar die Schuld bei anderen oder den »Umständen« zu suchen. Der Blick zurück zeigt Ihnen immer wieder dasselbe Elend. Kommen Sie stattdessen lieber heraus aus der Schmollecke und erkennen Sie die Chancen, die im Scheitern stecken.

> Lothar hat alles richtig gemacht. Seine Leistungen sind gut und er scheut sich nicht, über seine Erfolge zu sprechen. Und doch vermisst er die Anerkennung seines Chefs. Noch kein einziges Mal hat er von Herrn Grau ein positives Feedback bekommen. Wenn allerdings etwas schiefläuft, dann muss er sich die Kritik anhören. Oft spricht er mit Kollegen über die Unfähigkeit des Chefs zu loben, unter der die anderen auch leiden. Lothar ist ziemlich frustriert und möchte am liebsten aufgeben. »Das macht doch alles keinen Sinn«, beklagt er sich abends bei seiner Frau. »Ich strample mich ab und keiner dankt es mir. Und wie es aussieht, wird sich der Grau auch nicht ändern. Der ist nun mal so.«

Wer könnte diese Reaktion nicht verstehen! Ich sehe Sie geradezu vor mir, wie Sie während des Lesens zustimmend nicken. Doch welche Möglichkeiten hat Lothar? Soll er nun frustriert kündigen? Nur noch Dienst nach Vorschrift machen? Beides birgt doch so einige Gefahren. Er wäre auch schlecht beraten, wenn er nun nicht mehr über seine Leistungen sprechen würde. Was wirklich hilft, ist eine Veränderung des Blickwinkels, so wie Henry Ford es einmal auf den Punkt gebracht hat: »Scheitern ist die einzige Gelegenheit, es noch einmal zu versuchen – und zwar intelligenter.«

Rückschläge gehören zum Erfolg. Sie liefern wertvolle Informationen und Denkanstöße, aber natürlich nur denen, die bereit sind, diese Schätze zu bergen. Es reicht nicht aus, sich wieder aufzurappeln und einfach von vorn zu beginnen. Dann ähneln Sie einer Fliege, die immer wieder an die Fensterscheibe stößt, so lange, bis sie ermattet liegen bleibt. Ein neuer Anlauf ist nur dann sinnvoll, wenn Sie neue Wege ausprobieren. Wenn also der erste Schreck vorüber ist und Sie Ihre Wunden geleckt haben, kann es losgehen. Überlegen Sie:

Lernen, überprüfen, wieder versuchen

- Wie bin ich vorgegangen?
- Was ist gut gelaufen?
- Was ist schlecht gelaufen?
- Wo lag möglicherweise der Irrtum?
- Was kann ich daraus lernen?
- Welche anderen Möglichkeiten gibt es?
- Wen kann ich fragen?
- Wie setze ich das Gelernte in Zukunft um?

Merken Sie etwas? Genau: Die Aufmerksamkeit ist nach vorn gerichtet. Und schon lösen sich Ärger, Enttäuschung und Selbstmitleid in Luft auf. Dazu sind Sie nämlich jetzt viel zu beschäftigt. Sie planen schon wieder die Zukunft.

Schätze bergen

Lothar hat sich wieder gefangen. Und er spricht mit seinem Freund und Kollegen Bernd über seine momentane Situation. Bernd ist ein guter Zuhörer und zaubert nicht sofort Ratschläge aus dem Hut. Stattdessen stellt er Fragen, die Lothar helfen, klar zu sehen. »Du sagst, du hast alles richtig gemacht. Und doch bist du mit deinem Chef nicht richtig weitergekommen? Wann hast du denn angefangen, ihm deine Erfolge mitzuteilen und ihm immer wieder Zwischenberichte vom Stand deiner Projekte zu geben?« »Vor drei Monaten ungefähr. Na ja, so lange ist das noch nicht her. Ich würde nur so gern mal einen klitzekleinen Fortschritt sehen.« »Was ist denn dein Ziel? Anerkennung?« »Ich möchte, dass er merkt, was er an mir hat und mir auch mal etwas mehr Verantwortung überträgt.« »Was hast du getan, um ihm zu zeigen, dass du diese Verantwortung übernehmen kannst?«

Lothar ist wirklich ein Glückspilz, dass er einen Freund hat, der so gut fragen kann. Sorgen Sie dafür, dass eine solche Person auch Teil Ihres sozialen Netzwerks ist. Und wenn Sie noch niemanden gefunden haben, gönnen Sie sich bei größeren Misserfolgen ruhig eine Sitzung mit einem professionellen Coach. Selbstverständlich können Sie sich die Fragen auch selbst stellen. Das sollte aber nur eine Notlösung sein, denn das Zwiegespräch ist immer die bessere Wahl.

Am Ende hat Lothar wichtige Erkenntnisse gewonnen:

- Er braucht mehr Geduld.
- Sein Ziel ist nicht ganz eindeutig.
- Er hat sich zwar bemerkbar gemacht, aber nur als normaler Mitarbeiter, statt sich mit seinen besonderen Talenten für eine verantwortungsvolle Position zu empfehlen.
- Herr Grau hat keine Ahnung, dass Lothar viel mehr kann als die Routinearbeit, die er täglich erledigt.

»Es ist von großem Vorteil, die Fehler, aus denen man lernen kann, recht früh zu machen.« (W. Churchill)

Die Rückschläge, die Sie aus der Analyse des Misserfolgs ziehen, geben Ihnen wichtige Hinweise für Ihren zweiten Anlauf. Sie helfen Ihnen dabei, bessere Strategien zu entwickeln und wieder durchzustarten. Bisweilen ist ein Misserfolg sogar der entscheidende Schritt, um vorwärtszukommen. Ziehen Sie Ihre Lehren daraus und machen Sie weiter!

Erfolgreiche Menschen handeln lösungsorientiert. Wenn sie etwas nicht schaffen, suchen sie neue Wege und Möglichkeiten, um ihr Ziel zu erreichen. Problemorientierte Typen, die immer wieder darüber nachdenken, warum etwas nicht funktionieren kann, bewegen sich nicht voran. Sie belassen alles beim Alten. Zu welcher Gruppe wollen Sie gehören?

Ziele auf dem Prüfstand

Neustarts nach Rückschlägen gelingen leichter, wenn Sie sich Ihres Zieles sicher sind. Ist das Ziel nicht klar, dann arbeiten Sie nicht mit vollem Einsatz.

Für lohnende Ziele brennen

Lothar beklagt sich, dass er zu wenig Anerkennung von seinem Chef bekommt. Und auf die Frage nach seinem Ziel antwortet er: »Ich möchte, dass er merkt, was er an mir hat und mir auch mal etwas mehr Verantwortung überträgt.« Im Gespräch mit seinem Freund Bernd wird ihm bewusst, dass sein Ziel vage ist. Bernd macht ihn außerdem darauf aufmerksam, dass Lothar nicht gerade enthusiastisch klingt, wenn er davon berichtet, was er erreichen möchte. Immer wenn Lothar davon erzählt, wie gern er als Ingenieur im Maschinenbau arbeitet, leuchten seine Augen, doch dieses Leuchten fehlt, wenn er über sein aktuelles Ziel spricht.

Ohne Begeisterung für die eigenen Ziele ist es schon schwer genug, sich auf den Weg zu machen. Wenn dann auch noch Hindernisse auftauchen oder gar Misserfolge zu verzeichnen sind, dann ist es kein Wunder, wenn die Flinte ganz schnell ins Korn geworfen wird. Wer wirklich für seine Ziele brennt, der wird auch mit Misserfolgen souverän umgehen.

Wenn Kinder laufen lernen, dann ist das von permanenten Rückschlägen begleitet. Immer wieder fallen sie hin, und immer wieder stehen sie auch auf. Mal mit dem rechten Bein zuerst, mal mit dem linken und mal mit dem Hinterteil voraus. Abgesehen davon, dass das dauernde Hinfallen und Aufstehen die Muskeln so kräftigt, dass das Kind am Ende sicher auf den Beinen ist, zeigt es auch, wie stark die Motivation ist, endlich allein stehen zu können. Und aus dieser Motivation kommt die Energie für einen neuen Anlauf.

Ein motivierendes Ziel ist immer positiv formuliert – so, als hätten Sie es schon erreicht. Wenn Sie sich dazu noch vorstellen, wie Sie sich fühlen, wenn Sie es geschafft haben, dann haben Sie gute Voraussetzungen für Ihren Erfolg und Ihr Durchhaltevermögen geschaffen.

Vorfreude wecken

Lothar überlegt eine Weile und formuliert sein Ziel neu. Aus »Ich möchte, dass er merkt, was er an mir hat und mir auch mal etwas mehr Verantwortung überträgt« wird nun »Im nächsten Jahr bin ich Projektleiter. Herr Grau kennt mein Spezialwissen im Maschinenbau und nimmt mich als Experten zu entsprechenden Planungsgesprächen bei Kunden mit.« Als Bernd ihn fragt, wie sich das anfühlt, strahlt Lothar: »Super!«

Das ist kein Wunder, denn je konkreter Sie Ihr Ziel formulieren, umso mehr können Sie sich in das Gefühl hineinversetzen, das Sie im Erfolgsfall haben. Hinzu kommt, dass ein klar formuliertes Ziel leichter den Weg zu einer passenden Strategie weist (siehe Kap. 1).

Durch die neue Formulierung seines Ziels erkennt Lothar, dass seine Strategie, häufig auf seine guten Leistungen und Erfolge hinzuweisen, nicht ausreicht. Im neuen Anlauf kann er es nun besser machen. Und das tut er mit Freude. Denn er sieht sich schon als Projektleiter eigenständig arbeiten und entscheiden.

Ziele sollen Vor-Freude hervorrufen. Sie müssen diese Begeisterung fühlen und sich fragen: »Wie geht es mir, wenn ich angekommen bin?« Spätestens nach dem ersten Rückschlag sollten Sie wissen, was Sie davon haben, wenn Sie angekommen sind. Warum wollen Sie dieses Ziel unbedingt erreichen? Wofür lohnt es sich, noch einmal weiterzukämpfen? Wenn Sie bei der Analyse eines Misserfolgs feststellen, dass Ihnen Ihr Ziel keine Freude macht, lassen Sie es bleiben. Sie verschwenden nur Ihre Energie und schaden Ihrem Image.

Futter für Stehaufmännchen

Doch achten Sie auch darauf, sich nicht zu überfordern. Ein ehrgeiziges Ziel braucht Teilziele. Dann können Sie jede erreichte Etappe als Erfolg verbuchen und daraus neue Kraft schöpfen.

Glimmt dann aber das Feuer in Ihren Augen, sehen Sie sich schon am Ziel und Sie können schön spüren, wie es sich anfühlt – dann nichts wie los! Sie werden locker mit jedem Stehaufmännchen mithalten können.

Die andere Seite

> Corinna hat sich mit zwei Partnerinnen mit einem Catering-Service selbstständig gemacht. Sie ist Fachfrau für Marketing, die beiden anderen kommen aus der Gastronomie. Nach zwei Jahren sind die drei pleite. Sie haben es nicht geschafft, im Markt Fuß zu fassen.

Kein Erfolg? Das ist auch eine Frage der Sichtweise. Die gelben Post-it-Zettel sind das Resultat eines Misserfolgs: Der Versuch, einen besonders starken Kleber zu entwickeln, scheiterte, stattdessen löste sich der Klebstoff immer wieder. Und genau das ist das Besondere an den wiederablösbaren Post-it-Notizen, die heute fast jeder kennt.

Es lohnt sich, den Blick davon zu lösen, dass etwas schiefgegangen ist. In jedem Scheitern kann auch ein Erfolg stecken.

Zugegeben: das ist keine leichte Übung. Sie erfordert eine gehörige Portion Kreativität und Flexibilität. Die folgenden Fragen unterstützen Sie dabei, den Erfolg im Scheitern zu entdecken:

- Was ist mir trotz des Scheiterns gelungen?
- Welche Teilerfolge gibt es?
- Worauf kann ich stolz sein?
- Was ist das Gute darin?
- Welche neuen Fähigkeiten konnte oder musste ich entwickeln?
- Welche Erfolgsstory könnte ich aus dem Misserfolg machen?
- Wie kann ich den Misserfolg möglicherweise umdeuten?

Das Gute darin

Wenn etwas beinahe schiefgegangen ist, dann können Sie sich auch auf die Schulter klopfen und sich beglückwünschen, dass Sie so kompetent sind, Gefahren schnell und effizient zu erkennen und zu vermeiden. Sie haben einen folgenschweren Fehler gemacht, der Sie richtig viel Geld kostet? Dann haben Sie das Geld in Ihre eigene Weiterbildung investiert, denn das passiert Ihnen bestimmt nicht noch einmal. Und wenn Sie gezwungenermaßen den Job wechseln müssen, dann haben Sie die Fehler schon in der alten Firma gemacht. Sie haben aus ihnen gelernt und verfügen nun über genügend Erfahrung, damit diese Fehler im neuen Wirkungskreis nicht mehr vorkommen. Sie haben den Spanischkurs abgebrochen, weil Sie mit der Grammatik überhaupt nicht klarkommen? Na, immerhin verfügen Sie nun über Grundkenntnisse in Spanisch.

Der Gewinn, den Corinna aus der Pleite mit dem Catering-Service ziehen kann, ist nicht zu verachten: Sie hat Mut bewiesen, indem sie sich der Herausforderung der Selbstständigkeit gestellt hat. Sie hat zwei Jahre lang durchgehalten. Sie ist jetzt Expertin für Gastronomie, kennt sich aus mit Krisenmanagement. Sie hat gelernt, unternehmerisch zu denken und zu handeln. Sie musste lernen, Kunden zu akquirieren und es ist ihr immerhin so gut gelungen, dass das Trio eine Zeitlang existieren konnte. Corinna hat einem potenziellen neuen Arbeitgeber jetzt viel mehr zu bieten als vorher. Und das wird sie auch selbstbewusst darstellen.

In Amerika heißt das: *Turning shit into roses*. Das ist eine Kunst, die zu erlernen sich lohnt. Am besten üben Sie diese Sichtweise nicht nur im Beruf, sondern auch im privaten Umfeld. Dann wird sie mit der Zeit immer vertrauter und Sie können diese Fähigkeit jederzeit spontan abrufen.

Mut zur Lücke

Martin stellt fest, dass er sich zu viel zu gemutet hat, als er sich bereiterklärte, seinen Kollegen Jörg allein zu vertreten. Eigentlich will er zeigen, wie belastbar und flexibel er ist. Und nun sind ihm schon zwei schlimme Fehler unterlaufen, weil er wegen der vielen Arbeit und des Zeitdrucks unkonzentriert ist. »Oje, das ist ja richtig in die Hose gegangen«, denkt er. »Hoffentlich merkt es keiner. Ich kann doch jetzt nicht zugeben, dass ich es nicht schaffe.«

Über Fehler und Misserfolge spricht niemand gern. Man verschweigt sie lieber beschämt und möchte sie am liebsten ganz schnell vergessen. Denn solche Ereignisse werfen doch nur ein schlechtes Licht auf mich, so die weit verbreitete Annahme.

Pannen ans Licht!

Das muss nicht sein. Stark ist nur, wer mit Misserfolgen umgehen kann. Und wie können Sie Ihre Stärke zeigen, wenn Sie Misserfolge verstecken? Hier ist vielmehr die Offensive gefragt. Nur wer unsicher ist, verschweigt seine Pannen. Erfolgreiche Menschen stehen zu ihren Rückschlägen und wirken gerade darum selbstsicher.

Martin erinnert sich noch rechtzeitig daran, dass er neben Belastbarkeit auch Flexibilität demonstrieren will. Stur weiter in die Katastrophe zu marschieren wäre nicht unbedingt ein Beleg dafür. Er entscheidet sich, seinen Chef zu informieren: »Herr Meister, ich mache im Moment ja die Vertretung für Jörg. Nun sind mir zwei Fehler passiert, die ich bereits wieder behoben habe. Trotzdem ist es besser, wenn wir die Vertretung doch zu zweit übernehmen. Ich würde gern Anne fragen, ob sie mich unterstützt. Ist das okay?« »Gut, dass Sie rechtzeitig Bescheid gesagt haben. Ja, sprechen Sie Anne darauf an«, antwortet Herr Meister.

Positiv registriert er, dass Martin mitdenkt, verantwortlich handelt und ohne Jammern zugeben kann, dass er etwas nicht schafft und Hilfe braucht. Außerdem hat er auch gleich einen Lösungsvorschlag gemacht. Das spricht für ihn. Auf diese Art hat Martin mit Sicherheit einen besseren Eindruck hinterlassen, als wenn dem Chef oder Jörg bei seiner Rückkehr aufgefallen wäre, was alles schiefgelaufen oder liegen geblieben ist.

Sympathische Lücken

Sprechen Sie ruhig darüber, wenn Sie festgestellt haben, dass Sie gescheitert sind. Wohlgemerkt erst dann, wenn Ihre Analyse abgeschlossen ist und Sie wissen, was Sie gelernt haben und wofür es gut war. »Ich bin froh, dass ich die Erfahrung gemacht habe«, erzählte mir vor Kurzem eine Bekannte, die mit ihrer freiberuflichen Tätigkeit keinen Erfolg hatte. »Jetzt weiß ich genau, dass ich mich nicht dazu eigne, allein zu arbeiten. Ich brauche die Arbeit im Team. Das habe ich bei meiner Bewerbung auch so gesagt. Gesucht wurde ja gerade jemand, der selbstständig arbeiten kann und gleichzeitig auch gern im Team tätig ist. Da war ich genau die Richtige. Jetzt bin ich in meinem festen Job viel zufriedener als vor meinem Ausflug in die Selbstständigkeit.«

Wer nur Erfolgsgeschichten zu erzählen hat und keine Misserfolge eingesteht, aus denen er gelernt hat, erscheint leicht unglaubwürdig. Jeder hört es gern, dass auch andere mal Rückschläge einstecken müssen. Lassen Sie sich nicht davon abhalten, auch mal amüsiert über einen Misserfolg zu berichten. Wenn Sie Mut zur Lücke zeigen, wecken Sie Sympathie, weil Sie authentisch und glaubhaft wirken und sind.

Den inneren Schweinehund besiegen

Jeder Neuanfang macht Mühe, kostet Überwindung und birgt Risiken. Aber die Welt dreht sich, sie lebt und atmet. Wenn Sie mithalten wollen, können Sie nicht einfach die Luft anhalten. Doch mitunter kann es sein, dass Sie der Mut verlässt. Besonders dann, wenn Sie gerade einen Dämpfer in Form eines Rückschlags oder Misserfolges bekommen haben, meldet sich der innere Schweinehund und lässt Sie Sätze denken wie:

- Das geht doch auch wieder schief.
- Das kann ja gar nicht klappen.
- Lohnt sich das überhaupt?

Erfolgssucher oder Misserfolgsvermeider?

Um den Schweinehund in den Griff zu bekommen, müssen Sie wissen, was Sie sein wollen: Misserfolgsvermeider oder Erfolgssucher? Misserfolgsvermeider fallen lieber nicht auf, arbeiten mit gebremster Kraft und entwickeln sich nicht oder nur sehr langsam weiter. Erfolgssucher bleiben in Bewegung. Sie wissen, dass sie Risiken eingehen müssen, wenn sie Erfahrungen sammeln und erfolgreich sein wollen.

Aber wie groß ist das Risiko wirklich? Was kann passieren, wenn Sie es wagen, engagiert neue Wege zu beschreiten? Wohlgemerkt: Das ist keine rhetorische Frage. Ich stelle sie mir selbst immer dann, wenn ich mich beim Zaudern erwische:

Was kann im schlimmsten Fall passieren, wenn ich aktiv werde?

Und dann male ich mir aus, mit welchen Folgen ich rechnen muss. Anschließend überlege ich mir, was ich tun kann, wenn diese eintreten. Und wissen Sie was? Irgendwie endet dieses Gedankenspiel immer damit, dass das alles gar nicht so schlimm ist. Dieser Trick hilft mir regelmäßig dabei, meinen inneren Schweinehund zu besiegen. Probieren Sie es aus. Es funktioniert.

Und hier sind noch einige nützliche Fragen, die Ihnen helfen, sich selbst zum Handeln zu motivieren:

- Was sind Sie bereit zu tun, um Ihre Ziele zu erreichen? Überlegen Sie genau, wie weit Sie gehen wollen und welche Risiken Sie in Kauf nehmen können. Fragen Sie sich, wie wichtig Ihnen das Ziel ist.

Lohnt sich das?

- Wofür lohnt es sich? Was ist die Belohnung für Ihre Mühe und Ihren Mut? Wie leidenschaftlich glauben Sie an die positiven Impulse, die Sie erwarten, wenn Sie das Ziel erreicht haben?
- Was haben Sie schon erreicht? Wie weit sind Sie schon? Welche Etappen sind genommen? Worauf können Sie schon stolz sein?

Die Mittel zum Zweck

- Welche Fähigkeiten und Talente stehen Ihnen zur Verfügung, um ans Ziel zu kommen? Schauen Sie sich Ihre Ressourcen-Mind-Map an (siehe Kap.1), erinnern Sie sich an Ihre Stärken und zurückliegenden Erfolge.
- Was brauchen Sie noch und woher bekommen Sie es? Wenn Ihnen noch etwas fehlt, überlegen Sie, wer Sie unterstützen könnte. Fragen Sie sich, was Sie sich wert sind und was Sie bereit sind, in sich zu investieren, beispielsweise in Form von Weiterbildung oder Coaching.

- Was tun Sie, um sich selbst zu behindern? Fahnden Sie nach dem inneren Schweinehund. Wie sieht er aus? Was flüstert er Ihnen ein? Und was können Sie ihm antworten, um ihn zum Schweigen zu bringen?
- Was haben Sie davon, wenn alles so bleibt, wie es ist? Manchmal hat es gute Gründe, dass Sie den ersten Schritt nicht tun. Es ist bequemer, Sie brauchen keine Verantwortung zu übernehmen und Sie können sich immer so schön zu Hause beschweren, dass es so frustrierend ist bei der Arbeit. Dann werden Sie getröstet und bedauert. Das tut gut!

Dem inneren Saboteur auf der Spur

Wenn Sie an diesem Punkt angekommen sind, beginnen Sie wieder mit der Frage: Was ist das Schlimmste, das passieren kann, und wie reagiere ich dann darauf?
Trauen Sie sich! Sie schaffen das! Worauf warten Sie noch?

FAZIT

- Produktiv scheitern ist eine Schlüsselkompetenz.
- Misserfolge machen klug und liefern wertvolle Informationen und Denkanstöße.
- Erfolgreiche Menschen denken und handeln nach Rückschlägen lösungsorientiert und richten ihre Aufmerksamkeit auf die Zukunft.
- Brennen Sie leidenschaftlich für Ihr Ziel.
- Ändern Sie den Blickwinkel. In jedem Scheitern steckt ein Gewinn.
- Mut zur Lücke beweist Selbstbewusstsein.
- Nur Erfolgssucher legen den inneren Schweinehund an die Kette.

62 Tipps für eilige Leser

Manche mögen es kurz und bündig, daher folgen hier noch einmal die 62 Tipps, die als Fazit den Abschluss jedes Kapitels bilden.

Bühne frei für mich

1. Nehmen Sie sich Zeit, um Ihre Stärken, Ihre Talente und Ihr Potenzial zu entdecken.
2. Setzen Sie sich konkrete Ziele.
3. Betreiben Sie Marktforschung und bringen Sie mehr über Ihre Zielgruppe und Ihre Konkurrenten in Erfahrung.
4. Finden Sie heraus, wie Sie für Ihre Zielgruppe von Nutzen sein können.
5. Formulieren Sie Ihr Alleinstellungsmerkmal, wenn möglich auch als Werbeslogan.
6. Zeigen Sie Interesse und wecken Sie damit selbst Interesse und Sympathie.

Kleider machen Leute

7. Betreiben Sie äußerliche Imagepflege und unterstützen Sie damit Ihre Qualitäten.
8. Wenn Gutes wertvoll verpackt ist, dann wird es noch besser wahrgenommen.
9. Mit Ihrem äußeren Erscheinungsbild zeigen Sie Wertschätzung für Ihre Aufgabe und Ihre Gesprächspartner.
10. Ein professionell gestalteter Arbeitsplatz und gepflegtes Arbeitsmaterial gehören zum Gesamterscheinungsbild.

Erfolgreich überzeugen

11. Wenn es ein Geheimnis des Erfolges gibt, so ist es das: den Standpunkt des anderen verstehen und die Dinge mit seinen Augen zu betrachten.« (Henry Ford)

12. Gute Chancen hat derjenige, der für seine Sache brennt und daran glaubt, dass der andere zu überzeugen ist.
13. Beantworten Sie die oft ungestellte Frage Ihres Gegenübers: »Und was habe ich davon?«
14. Argumentieren Sie bei Gehaltsgesprächen mit zukünftigen besonderen Leistungen, denn für Vorgesetzte sind Gehaltserhöhungen Investitionen in die Zukunft.
15. Überzeugen Sie mit positiver, lösungsorientierter Sprache und souveräner Körpersprache.

Keine Angst vor Gegenwind

16. Gegenwind ist der Fahrtwind, der entsteht, wenn Sie sich schnell vorwärtsbewegen!
17. Wer Hindernisse als Herausforderung ansieht und Widerstand als Steilvorlage betrachtet, hat gute Chancen, zu gewinnen.
18. Hinter Einwänden stecken wichtige Informationen und Hinweise, die mit gezielten Fragen ans Licht kommen.
19. Das kooperative »und« erreicht mehr als das konfrontative »aber«.
20. Behalten Sie Ihr Ziel im Auge!
21. »Hindernisse sind all die schrecklichen Dinge, die du siehst, wenn du das Ziel aus den Augen verlierst.« (Henry Ford)

Konflikte? Her damit!

22. Wenn Sie mit etwas unzufrieden sind, sprechen Sie es an. Das zeigt, dass Sie sich Gedanken machen und lösungsorientiert arbeiten.
23. Missverständnisse sind häufig Anlässe für Konflikte. Sorgen Sie dafür, dass sie gar nicht erst entstehen.
24. Trennen Sie Beobachtung und Bewertung, wenn Sie Probleme ansprechen.
25. Hören Sie nicht nur auf die Worte, sondern auch auf die Bedeutung und die Anliegen, die sich dahinter verbergen.
26. Behandeln Sie den anderen so, wie Sie selbst behandelt werden möchten: mit Wertschätzung.
27. Sorgen Sie dafür, dass Sie wieder einen kühlen Kopf bekommen, bevor Sie reagieren.

Ganz schön kess!

28. Atmen Sie ruhig weiter.
29. Üben Sie Ihre Schlagfertigkeit, wo immer Sie können.
30. Schlagfertigkeit ist nicht Rechtfertigung.
31. Setzen Sie Schlagfertigkeit als Schutz und Verteidigung ein, nie als Angriff.
32. In der Opferrolle sind Sie angreifbar. Selbstvertrauen ist der Schlüssel, sich unangreifbar zu machen.
33. Bleiben Sie authentisch. Dann können Sie auch souverän sein.

Jammerzirkel? Nein danke!

34. »Wer den größten Teil seines Lebens gewohnheitsmäßig klagt, übellaunig sich selbst bejammernd Orgien der Missstimmung feiert, vergiftet sich das Blut, ruiniert die Gesichtszüge und verdirbt rettungslos den Teint.« (Prentice Mulford, amerikanischer Journalist)
35. Wehren Sie sich gegen den Sog des Jammerns.
36. Sie können Jammerzirkel aufmischen, indem Sie Verständnis zeigen und lösungsorientierte Fragen stellen.
37. Gehen Sie in die Offensive und nutzen Sie den Flurfunk konstruktiv für Ihre PR in eigener Sache.

Kluges Klüngeln

38. Knüpfen Sie Kontakte, bevor Sie sie brauchen. Nur ein stabiles Netzwerk kann Sie auffangen, wenn es einmal hart auf hart kommt.
39. Auch private Kontakte können das berufliche Netzwerk bereichern.
40. Treten Sie in Vorleistung. Bieten Sie Ihr Wissen an und empfehlen Sie andere, ohne sofort eine Gegenleistung zu verlangen.
41. Klasse statt Masse: Die Qualität Ihres Netzwerks ist nur so gut wie die persönlichen Kontakte zu Ihren Netzwerkpartnern und das, was jene zu bieten haben.
42. Sie brauchen echte Verbündete. Pflegen Sie Ihre Clique und Ihre Seilschaft.
43. Schämen Sie sich nicht wegen der Vorteile, die Ihnen das Netzwerken bringt.
44. Halten Sie die Netzwerkregeln ein. Seien Sie vertrauenswürdig.

Die Hilfsbereitschaftsfalle

45. Hilfsbereitschaft ist ein hohes Gut. Gehen Sie gut damit um.
46. Lieber selbstbewusst hilfsbereit als ängstlich beflissen sein.
47. Hilfsbereitschaft ist ein Geben und Nehmen und braucht gegenseitige Wertschätzung.
48. Nichtschwimmer können keinen Ertrinkenden retten. Wer für sich selbst sorgt und auf seine Grenzen achtet, hilft sich und anderen.

»Tue Gutes und sprich darüber!«

49. Talent und Leistung nutzen nichts, wenn keiner davon weiß.
50. Anerkennen und feiern Sie Ihre Erfolge.
51. Wenn Sie kein Schaumschläger sein wollen, muss hinter Ihrem guten Image Wahrheit stecken.
52. Sorgen Sie dafür, dass alle Sie kennen. Wer auf Öffentlichkeitsarbeit verzichtet, darf sich nicht wundern, wenn man ihn nicht zur Kenntnis nimmt.
53. Nutzen Sie Besprechungen zur positiven Selbstdarstellung.
54. Organisieren Sie eigene Events.
55. Wer nicht wirbt, stirbt.

Kein Erfolg? Denn mal los!

56. Produktiv scheitern ist eine Schlüsselkompetenz.
57. Misserfolge machen klug und liefern wertvolle Informationen und Denkanstöße.
58. Erfolgreiche Menschen denken und handeln nach Rückschlägen lösungsorientiert und richten ihre Aufmerksamkeit auf die Zukunft.
59. Brennen Sie leidenschaftlich für Ihr Ziel.
60. Ändern Sie den Blickwinkel. In jedem Scheitern steckt ein Gewinn.
61. Mut zur Lücke beweist Selbstbewusstsein.
62. Nur Erfolgssucher legen den inneren Schweinehund an die Kette.

Danksagung

In all den Jahren, in denen ich mich damit beschäftige, Menschen im Beruf zu begleiten und zu unterstützen, wurden meine eigenen praktischen Erfahrungen durch viele Bücher, Artikel, Seminare und Fortbildungen untermauert. Und so wird dieses Buch aus meinen Erfahrungen als Führungskraft, Trainerin und Coach ebenso gespeist wie aus vielfältigem Lesestoff. Heute kann ich nicht mehr sagen, von wem ich diese oder jene Anregung erhalten habe. Ich weiß nicht mehr, in welchem Zusammenhang mir eine Anekdote, eine Theorie oder ein Merksatz begegnet sind.

Darum möchte ich mich hier bei allen bedanken, von denen ich lernen durfte, und um Verständnis bitten, falls jemand hier seine Gedanken in der einen oder anderen Form wiederfindet. Jede Begegnung, jedes Buch ist ein Mosaikstein im Bild meiner privaten und professionellen Person und meines aktiven Wissens. Ich weiß das sehr zu schätzen! Aus ihnen ziehe ich – vermischt mit eigenen Erkenntnissen und Konzepten – immer wieder neue Inspiration für meine Arbeit. Sie sind herzlich dazu eingeladen, dasselbe mit diesem Buch zu machen!

Ganz besonderer Dank gilt Bettina Salis und Martina Nehls für ihre Zeit und ihr freundschaftlich-kritisches Feedback.

Literatur

Asgodom, Sabine: *Eigenlob stimmt. Erfolg durch Selbst-PR,* Econ-Verlag, München, 2001

Berckhan, Barbara: *Die etwas intelligentere Art, sich gegen dumme Sprüche zu wehren*, Heyne, München, 2007

Berckhan, Barbara: *Judo mit Worten. Wie Sie gelassen Kontra geben,* Kösel, München, 2008

Berne, Eric: *Spiele der Erwachsenen. Psychologie der menschlichen Beziehungen*, Rowohlt, Reinbek, 1996

Csikszentmihalyi, Mihaly: *Flow: Das Geheimnis des Glücks*, Klett-Cotta, Stuttgart, 2004

Fey, Gudrun: *Kontakte knüpfen und beruflich nutzen: Erfolgreiches Netzwerken*, Walhalla U. Praetoria, Regensburg, 2007

Fisher, R./Ury, W./Patton, B.: *Das Harvard-Konzept. Der Klassiker der Verhandlungstechnik*, Campus Verlag, Frankfurt, 2004

Glasl, Friedrich: *Konfliktmanagement. Ein Handbuch für Führungskräfte, Beraterinnen und Berater*, Haupt Verlag, Bern, 2004

Gommlich, F./Tieftrunk, A.: *Mut zur Auseinandersetzung. Konfliktgespräche*, Falken-Verlag, Niedernhausen, 1999

Kurth, Flavian: *Erfolgreiches Selbst-Marketing. Ein Ratgeber für Arbeitslose und alle, die es nicht werden wollen*, Smart Books Publishing AG, Baar, 1997

Lahninger, Paul: *Widerstand als Motivation.* Ökotopia Verlag, Münster, 2005

Moosig, Karlheinz: *Streiten – aber fair. Konflikte gut und konstruktiv lösen,* Herder, Freiburg, 2003

OrganisationsEntwicklung. Zeitschrift für Unternehmensentwicklung und Change Management, Verlagsgruppe Handelsblatt, Düsseldorf, Ausgabe 1/2007: *Sinnvoll scheitern*

Osten, Manfred: *Die Kunst, Fehler zu machen. Plädoyer für eine fehlerfreundliche Irrtumsgesellschaft*, Suhrkamp Verlag, Frankfurt, 2006

Öttl, C./Härter, G.: *Networking: Kontakte gekonnt knüpfen, pflegen und nutzen,* Hoffmann und Campe, Hamburg, 2004

Paul, H./Beck, R.: *Die U-Turn Strategie: Wie Sie festgefahrene Situationen umdrehen*, Ariston Verlag, Kreuzlingen, 2007

Pöhm, Matthias: *Nicht auf den Mund gefallen! So werden Sie schlagfertig und erfolgreicher*, Goldmann, München, 2004

Püttjer, C./Schnierda, U.: *Zeigen Sie, was Sie können. Mehr Erfolg durch geschicktes Selbstmarketing*, Campus Verlag, Frankfurt, 2003

Rosenberg, Marshall B.: *Gewaltfreie Kommunikation: Eine Sprache des Lebens, Junfermann*, Paderborn, 2007

Schmidt, Rainer: *Immer richtig miteinander reden. Transaktionsanalyse in Beruf und Alltag*, Junfermann, Paderborn, 1998

Schulz von Thun, Friedemann: *Miteinander reden: Störungen und Klärungen*, Rowohlt, Reinbek, 1988

Sprenger, Reinhard K.: *Das Prinzip Selbstverantwortung. Wege zur Motivation*, Campus Verlag, Frankfurt, 2007

Stöger, G./ Vogl, M.: *Gewonnen wird im Kopf, gestolpert auch. 7 Strategien gegen Selbstsabotage*, Orell Füssli, Zürich, 1999

Thomann, Christoph: *Klärungshilfe: Konflikte im Beruf*, Rowohlt, Reinbek, 1998

Watzlawick, Paul: *Anleitung zum Unglücklichsein*, Piper Verlag, München, 1983

Weiser, Melitta: *Selbstdarstellung und Selfmarketing. So werden Sie eine unverwechselbare Persönlichkeit*, Walhalla U. Praetoria, Regensburg, 2001